話ってホントは残酷

第2弾

童話99の謎

桜澤麻衣 編著

二見レインボー文庫

はじめに

●グリム童話をとりまく奇妙な謎の数々

桜澤麻衣

グリム童話集は、聖書に次ぐ世界的ベストセラーといわれている。童話といえばグリムというくらい、グリムは童話の代名詞になっているといってもいいだろう。

しかし、誰もが子供のころから馴染んできた「グリム童話」のほとんどは、グリム童話のオリジナルとは別物。つまりオリジナルにかなり手が加えられているのだ。また、その「オリジナル」もひとつではない。ひとくちにグリム童話集といっても、一八一二年の初版から一八五七年の第七版（決定版）まで七つの版がある。初版から第七版まで版を重ねるごとに、話の数はどんどん増えていき、個々の話にはかなり手が加えられている。さらに、初版と、その元になった草稿を比べてみると、これまたかなり違っている。

このように、さまざまな「グリム童話」があるために、それにまつわる謎も多い。そしてその謎には、何度も改訂を繰り返した著者・グリム兄弟の影も見え隠れする。

本書では、グリム童話の知られざる世界に迫ってみた。この一冊で、グリム童話がさらに面白くなることは間違いないだろう。

目次

第Ⅲ章 グリム童話に秘められたＳＥＸの暗示

第Ⅳ章 あなたの知らないグリム童話名作たちの、これが恐怖の真実!!

第Ⅴ章●エスカレートする残虐性はグリム童話の、もうひとつの神髄

第Ⅵ章●グリム童話に描かれた激しい兄弟愛と極端な思想

第Ⅶ章●グリム童話の舞台になった中世ヨーロッパ

第Ⅸ章 ● グリム兄弟の謎

構成・文 ――――――――桜澤麻衣
表紙・本文イラスト ――金本康民
写真 ―――――――――Wikimedia Commons

第Ⅰ章

グリム童話の誕生の謎

1 グリム兄弟が童話集出版を決意したふたつの理由

聖書とともに世界的なベストセラーといわれる童話集を出した、兄ヤーコプと弟ヴィルヘルムのグリム兄弟は、一七九五年と九六年にドイツのヘッセン地方、ハーナウで生まれた。兄と弟は一歳違いだ。兄弟の父のフィリップ・ヴィルヘルム・グリムは弁護士で、ハーナウ町役場の書記やシュタイナウの領地主務官兼法官などを務めていた。兄弟の下には弟のカール、フェルディナント、ルートヴィヒ、妹のシャルロッテがいて、家族は母のドロテーアを加えて八人だった。

グリム兄弟が童話集を作ろうとした背景には、当時のドイツの社会状況が関係していた。十八世紀後半、ドイツの民謡、民話に注目したJ・G・ヘルダーは、『歌謡における民族の声』を編集・発行、偉大な詩人・ゲーテの叙情詩に大きな影響を与えるとともに、ドイツの叙情詩に一大転機をもたらした。

一方、一七八二〜八六年にかけて『ドイツ人の民族童話』全八巻を発行したのは、J・

K・ムゼーウスだ。これは童話というより伝説を収集したもので、長い話が多かったが、広く大衆に愛読された。ドイツの民族童話を収集した最初の作品は、編者が匿名で発行した『口伝えから集められた子供の童話』といわれている。

つづいて、ゲーテの夫人・クリスチアーネの兄・ヴルピウスが『乳母のお話』という童話を出した。十九世紀に入ると、ドイツ全土を征服したナポレオンへの抵抗の意味もふくめて、民話や民謡など民族意識を強める本が急増していった。

グリム兄弟が、童話集を出すようになった動機も、昔話のなかにあるドイツ民族の心の息吹を広めることによって、ナポレオン戦争によってフランスの植民地的状況に追いこまれて士気を喪失しているドイツの人々に、民族としての誇りを取り戻させたいということからだった。

グリムの伝記や多くの研究書には、執筆の動機をこんなふうに紹介している。しかし、世の中はそうキレイゴトではすまないもの。実際は、隠れた動機があったといわれている。兄弟は童話集の出版で、ドン底の貧乏生活を改善しようとしていたというのだ。

当時、兄弟は収入が一定せず、また手にする給料も非常に少なく、生活は食事を切り詰めるなど困難をきわめた状態だった。そこで、当時ブームになりつつあった童話集の出版で、まとまった印税を稼ごうと考えたのだ。

2 グリム童話の第一稿はなぜ紛失したのか？

グリム童話は最終的に完成するまで都合六回、七版まで改められている。その第一稿は一八一〇年に四十六編の童話としてまとめられたが、その草稿は行方不明になっていた。それが八十三年後の一八九三年、エーレンベルクの修道院の書庫から偶然発見されたのだ。発見者は同修道院の司書をしていた神父で、草稿はヤーコプの筆跡のものが二十五話、ヴィルヘルム筆のものが十四話、他の提供者の草稿が七編あった。グリム兄弟は、一八一〇年十月二十五日に総計四十六編の草稿を編集者に発送しているから、そのすべてが発見されたことになる。

では、なぜ第一稿の草稿がエーレンベルクの修道院に保管されていたのだろうか。そのワケは、ひとりのトンデモない迷惑男にあった。

兄弟は、この草稿を後期ロマン派の作家クレメンス・ブレンターノに発送している。ブレンターノは、兄弟の担当教授だったマールブルク大学のザヴィーニ助教授の義理の兄弟である。そんな関係でブレンターノは、グリム兄弟が民話を集めていることを知っていた。そこで民話をベースに創作活動をしているブレンターノは、兄弟が収集した民話の借用を申しこんだのだ。

「まったく違うやり方で民話を扱うから、君たちの失うところはない」

というブレンターノの言い分を受け入れた兄弟は、収集した四十六話の草稿をブレンターノに送った。ただ、ブレンターノのずぼらな性格を知っていた兄弟は、草稿にそえて、

「約束にしたがって私たちが集めた民話のすべてを送ります。好きなように使ってください。あとで、ついでのおりに草稿は送り返してください」

と手紙を出している。

だが、兄弟が心配したとおり草稿は返却されなかった。信じられないことに、ブレンターノは草稿を紛失していたのだ。ところが、グリム童話は一八一二年、ベルリンの出版社から五十編が出版される。グリム兄弟は、草稿が戻ってこない場合にそなえて草稿の写しをぜんぶ取っておいたのである。こうしてグリム童話集の初版である『子供と家庭のための童話集』（初版が刊行されたときの正式タイトルだが、以後本書ではグリム童話またはグリム童話集とする）は、写し四十六編と手元に残っていた話の四編、合わせて五十編で編集・出版され、日の目を見ることになったのだ。

グリム兄弟　兄ヤーコプ（右）と弟ヴィルヘルム
〈イェリヒャウ絵〉一八五五

ブレンターノに送られた草稿がエーレンベルクの修道院に保管されていたのは当時、同修道院の院長だったエフレームという名の修道士が、ブレンターノ家と親交があったためだろうと思われている。クレメンス・ブレンターノが何らかの理由で草稿をエフレーム院長に預けたものの、そのまま忘れてしまったのかもしれない。

エーレンベルクで発見された草稿の原本は、グリム研究の貴重な資料として、これをもとに数々の研究が発表されている。

ちなみにこの肉筆原稿は、一九五三年にニューヨークで競売にかけられたが、当時の国際赤十字副総裁のマルティン・ボードマー氏に落札されて、現在はスイス・ジュネーブのボードマー図書館に所蔵されている。

3 グリム童話研究者が明かした驚くべき事実

グリム童話は、ヤーコプとヴィルヘルムのグリム兄弟がドイツ各地の農村を訪ねて歩き、古くからドイツに伝わる民話を聞いて書きとめ、それを、いっさい手を加えずに本にまとめたものと伝えられている。

兄弟が話を聞いた人たちは皆、農家のおばあさんで、民話は口伝えに伝えられたものとされていた。しかし、グリム童話集に採用された民話の多くには、ドイツのどこの地方のもので、誰に聞いたというデータは記載されていない。

例外的に『子供と家庭の童話』初版第二巻の序文で「カッセル近郊のツヴェールン村のフィーマンという農婦に話を聞いた」という記事と、ヴィルヘルムの子・ヘルマンが復刻した童話集の初版にメモの形で登場するマリーおばさんが、民話の提供者として知られているにすぎない。

だが、グリム童話が各研究者によって研究されるにつれて、驚くべき事実が明らかにされてきた。

カッセル近郊に住んでいるフィーマンおばさんはドロテア・フィーマンといい、生粋のドイツ人ではなく、フランスから逃れてきた新教徒の子孫で、普段使っている言葉はフランス語だったというのだ。それればかりか、教育のない農婦などではなく、中産階級の婦人だった。

さらに、マリーおばさんについても一九七五年に新事実が判明した。

現代グリム学の最高権威といわれているハインツ・レレケが、このマリーおばさんは架空の人物で、本当はマリー・ハッセンプフルークという中産階級の教養ある若い女性であることを証明したのだ。そのうえ、彼女の母はフィーマンと同様にフランスの新教徒で、ハッセンプフルーク家ではフランス語が話されていたという。

現代では、グリム兄弟に民話を提供した人物は、年老いた農家のおばあさんではなく、語り手の多くは教養階級出身の女性が多かったことが明らかにされている。

では、どんな人たちが民話を提供したのだろうか。『フィッチャーの鳥』など五話を提供したフリーデケ・マンネルは、牧師の娘で、フランス語を自由にあやつる文学的教養の高い女性。『いっしょに暮らしたネコとネズミ』などを披露したカッセルのドロテア・ヴィルトも、スイス出身の解剖学の教授の娘だった。

先にあげたマリー・ハッセンプフルークも、ヘッセン公国の高級官僚の娘だった。さらに、グリム兄弟の妹のシャルロッテは、このハッセンプフルークの兄弟と結婚している。

グリム研究家のレレケは、こうしたことから、「グリム兄弟はメルヘンを求めて地方を回ることはなかった。民話は提供者が兄弟のもとへ来て話したものだし、それも中・上流階級の教養ある婦人が多かった」と分析している。

その間の事情をつぎのように推理している研究者もいる。

「それはひとつには、兄弟が経済的に困っていて、とてもそれだけの調査旅行をする余裕がなかったことによる。兄弟には童話集の編集に専念するだけの余裕はなく、生活費を稼がねばならなかった。また同時に他の研究もすすめていた」

しかし、だからといって、グリムの童話集に学問的な価値がないかというと、そうではない。

兄弟がメルヘンの研究の歴史に一時代を画したことはまちがいない事実だ。

しかし、グリム兄弟が収集した民話がドイツに伝承されていたものではないとすると、のちにグリム童話がドイツ民族の民話を収集した最高峰といわれ、国民的遺産とされている事実はどう考えたらよいのだろう。

4 グリム童話は実は創作だった?

グリム兄弟は童話集の初版の序文に「私たちは、これらの話をできる限り純粋なかたちで集めることに努めた。話に何ひとつつけ加えたり、粉飾したり変更したりしてはいない。すでにこれほど豊かなストーリーにわれわれがつけ加える必要は、まったくない。これらの話は、作ろうと思って作れるものではない」と書いているし、第二版の序文にも「私たちの収集の方法についていえば、話を忠実に再現することを第一と考えた。私たちは収集した話に何ひとつつけ加えなかったし、潤色を加えることもなかった」と記している。

グリム兄弟は、収集した民話にいっさい手を加えずに本にまとめたといわれているが、はたして本当なのだろうか。

実は、初版や第二版にこうした序文を掲載している一方で「言い回しや細かい表現については、大部分私たちの手が入っていることは言うまでもない」ともいっている。どうやら、こちらのほうが、兄弟の本音であり、言い回しや細かい表現ばかりでなく大幅な書き直しが行なわれていたようだ。

兄弟が後期ロマン派の作家・ブレンターノに送った童話集の草稿は行方不明になり、のちにエーレンブルグの修道院の書庫で発見されたが、この草稿と初版の文章を比較してみると、兄弟が大幅に加筆していることがわかる。ほとんどの話が初版では草稿の二倍の長さになっており、各作品が、兄弟の手によって創作といってもいいほど加筆されているのに、なぜ初版や第二版の序文で、口伝えに聞いた話をそのまま掲載したものと強調したのだろうか。その理由は、童話集出版の目的が民族意識の高揚にあったからで、無名の学者のグリム兄弟の創作では、読者を納得させることもできず、ひいては本の売れ行きにもかかわる問題だったからだ。

グリム兄弟によって民話が大幅に加筆されて、創作に近いものになっているという事実は、民話収集家や研究者のあいだでは早くから知られていたはずだ。

だが、弟のヴィルヘルム・グリムの手によって民話の原文が大幅に書き直されているという事実が問題視されだしたのは、最近のことだ。

これまで問題にされなかった裏には、研究者をはじめドイツ民衆のあいだで、たとえ加筆や創作部分があったとしても「グリム童話集」こそゲルマン民族の共通の文化遺産であるという決定的な評価によるものかもしれない。

5 グリム童話の物語に描かれている時代は?

日本の昔話の場合、「むかしむかし、あるところに……」で物語が始まるが、多くの作品は時代背景がはっきりしている。『かぐや姫』や『一寸法師』は平安時代だし、そのほかの作品も鎌倉時代から室町時代初期を舞台にしているケースが多い。

では、ヨーロッパの童話の場合はどうだろうか。

グリム兄弟より百三十年ほど前にフランスで『シンデレラ』や『眠れる森の美女』などの童話を発表したペローは、時代背景を彼と同時代のルイ14世のころに設定していたようだ。アンリ4世に始まるブルボン王朝は、フランス全土を支配し、一六四三年に即位したルイ14世の代になるとヴェルサイユに壮麗な宮殿を建てて、絶対王政の最盛期を迎える。ルイ14世はのちに「朕《ちん》は国家なり」というほどの権力を誇った。

百四十六年後、フランス革命によってブルボン王朝は倒れ、ルイ16世はギロチンの露と消えるが、ペローはフランス王権が最高潮に達したルイ14世の時代を舞台に童話を書いていた。ペローの場合も、民間に伝承された民話を採集して、それを素材に童話を書いたわけで、伝承された民話の生まれた時代は、それぞれ違うだろうが、作品ではルイ14世の時代に統一している。

では、グリム兄弟の場合はどうだろうか。話の展開や登場人物の設定から考えて、こちらも中世のドイツを舞台にしていることは間違いない。グリム童話集には、挿絵入りの作品も少なくない。子供向けの絵本の場合は特に絵が中心であり、いずれも中世のドイツの風俗を取り入れた挿絵になっている。

だが、グリム兄弟が童話集を六回も改訂している事実を考えると、時代背景は必ずしも中世と限定することはできない。

グリム兄弟、特に弟のヴィルヘルムが初出の物語を何回も書き直した理由は、ストーリーの展開や登場人物の設定、性格を一八〇〇年代の読者がスムーズに受け入れられるようにしたためだという。

とすれば、中世ドイツを舞台に物語が展開されているものの、物語の真の時代設定は、グリム兄弟や読者が生きていた一八〇〇年代前半から中盤ということになる。古くからドイツに伝わる民話を採集してまとめあげたというグリム童話集は、実は一八〇〇年代の大衆の心を描いたものだったともいえそうだ。

6 グリム兄弟が七回も改訂をつづけた文章へのこだわりとは？

グリム兄弟が刊行した童話集は、草稿から数えて四十年の歳月のなかで七回も改訂されている。それも、兄のヤーコプの強い反対を押しきって弟のヴィルヘルムがひとりでやった作業だ。民話を文化遺産のひとつとして学問的に収集しようとしていたヤーコプは、伝承されている民話や昔話を古い形のまま童話集に組みこもうとしたが、ヴィルヘルムは民話や昔話を文学的にとらえようとした。こうした兄弟のやりとりのなかで、物語は七回にわたって改訂され、ある物語は削除され、多くの物語が追加されていった。

物語は、本が版を重ねるごとに微妙に言い回しが変わり、一定のパターンや独自のスタイルをもつようになっていった。それは、三回繰り返す言いきりなどグリム童話独特の言い回しとなって表われている。ヤーコプは、こうしたヴィルヘルムのやりかたに批判的で良い顔をしなかったが、改訂はつづけられた。

特に一八三七年以降の版については、物語が増え、序文に「補足して完全化をめざした」と記しているし、以後の版でも繰り返し改筆、改訂して「完全版」と謳《うた》っている。

ヴィルヘルムの努力によるものだが、改筆改訂によってグリムの童話集は、さらに読みやすく親しみやすいものに変わってきたことは間違いない。では、こうしたしつこいほどの改筆改訂の理由は、どこにあったのだろうか。民話や昔話に文学的価値を求めてきたヴィルヘルムは、童話集をドイツ国民の文学的な文化遺産としたかったようだ。

本来、民話や昔話は母親や祖父母から口伝えで伝えられてきたものだった。この伝承民話の線に沿って一八一二年の初版では、ヤーコプが口伝えのメルヘンにふさわしい簡潔な文章で物語をまとめあげた。だが、この時期、それまで高価だった本が市民にも簡単に買えるようになって、ドイツの市民全体に読書ブームが巻きおこっていた。

ヤーコプより文学的な素養の豊かなヴィルヘルムは、読書ブームを受けて、聞く童話を読む童話に変えようとしたのだ。七回にわたる改訂は、耳で聞くメルヘンを目で読むメルヘンにするものだった。彼の努力は報われて童話集の文章は口語体から文語体に変わり、じっくり読むに足りる作品に変わってきた。

十八世紀後半から十九世紀前半にかけて多くの民話集や童話集が刊行され、その大半が消え去っていったが、グリム童話は現代もなお世界じゅうで愛読されている。これはヴィルヘルムの改訂作業のたまものといえよう。

7 なぜグリム童話は第三版から出版社が変わったのか?

グリム兄弟は、後期ロマン派の作家のアルニムの紹介で一八一二年の九月と十月の二回にわけて『子供と家庭の童話』の原稿八十六編をゲオルグ・ライマーが経営するベルリンの実科学校書店に送った。これは童話にふさわしくクリスマスのプレゼントに間に合わせようとしたためだった。

この初版本は十二月二十日に出版されたが、売り出されたのは刷り部数の半分の四百五十部だった。

そのうえ、最後の八十六編めの作品『きつねとガチョウ』が脱落していたのだ。

ベルリンにいたアルニムは、カッセルのグリム兄弟に、

「ライマーは、その作品がどこにいったかわからないでいる。たぶん彼の子供たちが破いて捨ててしまったのだろう。私も最近、おなじような目にあった。彼はきちんとしたことができない」

と手紙を送っている。

ライマーは、ベルリンでも知られた出版社を経営していて一流の著者の作品を手がけていた人物だが、かなりいいかげんな人間だったようだ。グリム兄弟はライマーが紛失してしまった『きつねとガチョウ』の原稿を再送して、初版の残りの部分が刊行されたのは一八一三年の三月だった。

グリム兄弟は、だらしのない出版社に憤慨したが、童話集の発行に最も力を貸してくれた先輩で親友のアルニムのすすめた本屋なので我慢した。それにつけこんだのか、ライマーは童話集の印税を払おうともしなかった。

それでも人の好いというかコリないグリム兄弟は、一八一九年にライマーの出版社から第二版を刊行した。今度は弟のルートヴィヒの描いた挿絵入りの本で部数も千五百部だったが、またしてもライマーは印税の一部しか払わなかった。

ライマーの仕打ちに我慢に我慢を重ねてきた兄弟だが、さすがに堪忍袋の緒が切れて、第三版はゲッティンゲンのデートリヒ書店から出版することに。こうして兄弟は待望の印税を手にすることができたのだった。

しかし、この結果、ライマー書店に勤めていたグリム兄弟のすぐ下の弟・フェルディナントが同書店をクビになるというオチがついていた。

8

『きつねとガチョウ』編集者のミスで抜け落ちた、いわくつきのお話

一八一二年の初版本が刷り部数の半分以下しか発売できなかったのは、巻末に収録したはずのお話が印刷されておらず、その註だけが載ってしまったからだった。そんないわくつきのお話『きつねとガチョウ』を紹介しよう。

きつねが野原にやってくると、よく肥えておいしそうなガチョウの群がいた。さっそくきつねがガチョウを食べようとすると、ガチョウたちは、「どうか死ぬ前にお祈りをさせてください」と命ごいをする。

きつねが許すと、まず一番めのガチョウが「ガア、ガア」と鳴きだした。しかし、なかなかお祈りが終わらないので、待ちきれなくなって二番めのガチョウも「ガア、ガア」。そうして、ガチョウたちはいまだにお祈りをつづけているので、きつねはいつになってもガチョウにありつけないのである。グリム童話集のなかでもユーモラスなこのお話は、初版から第七版を通して、ずっと八十六番の番号で巻末におさめられている。

9 『ホレおばさん』王子さまの登場しないフェミニズム童話!?

『ホレおばさん』はグリム童話のなかでもよく知られた作品で、初版から第七版までずっとおなじ通し番号で収録されている。その他『白雪姫』や『灰かぶり』など、グリム童話で人気の高いお話は、七版まで一貫しておなじ番号がついている。

未亡人のもとに娘がふたりいる。ひとりは醜くなまけもので、ひとりは美しく働きもの。母親は実の娘である醜い子供のほうばかりをかわいがり、本当の娘でない美しい娘はしいたげられ、洗濯や煮炊きなど家のなかのことを全部しなければならなかった。

ある日、娘はあやまって、井戸に糸巻き（初版では桶になっている）を落としてしまう。娘はどうしたらいいのかわからず、思いあまって井戸に飛びこむ。

井戸のなかには別世界が広がっていて、娘はそこで歯の大きなホレおばさんに出会う。

「毎日わたしのベッドの布団をふるってふかふかにしてくれれば、家に置いてあげよう」

とホレおばさんがいうので、娘はそのとおりかいがいしく働き、おかげで何不自由ない

生活を送る。娘が家に帰りたいというと、おばさんは働いてくれたお礼だといって金の雨を降らせ、少女は体じゅうに金をつけて家に帰る。

このあと、母親は醜い娘にもおなじようにしてあげたいと思い、わざと井戸に飛びこませる。だが、ホレおばさんのところで醜い娘がつけてきたものは、金ではなく黒いタール。そしてタールは、死ぬまで落ちなかった……というお話だ。

ところで、よく考えてみると、この話には王子様が登場しない。グリム童話では母親（継母）にいじわるされる娘が出てくると、たいてい最後は白馬の王子様が出てきて、娘は救われハッピーエンドに終わる。王子のような強い権力をもつ男性の力で幸せを得るグリム童話の女の子たちは、みんな他力本願なのだ。

いっぽう『ホレおばさん』の美しい娘は、ホレおばさんのところで働き、お礼に金を得て戻ってくる。別のいいかたをすれば、娘は自分の働きで収入（金）を得て、幸せになっている。このお話に王子様が出てくる必要はないのだ。

ある学者は、グリム童話の男性優位の父権主義的な点を批判し、『ホレおばさん』にはフェミニズムの伝統モチーフやなごりがあるといっている。フェミニストたちの見地からすると、『ホレおばさん』は子供に読んで聞かせるべき正しい童話、ということになるのだろうか？

第Ⅱ章

グリム童話初版から削られた残酷な話

10

初版から第七版まで、なぜグリム童話は改訂されたのか？

グリム童話集といっても、ひとつしかないわけではない。それは、初版や、決定版など、いろんなグリム童話集が出版されていることからもわかるだろう。グリム兄弟自身は草稿から数えると、なんと自著を七回も改訂している。一八一二年の初版の第一巻から、全面的に改訂増補した一八一九年の再版、一八三七年の三版、一八四〇年に四版、一八四三年に五版、一八五〇年の六版、一八五七年に七版とたてつづけに改訂されているのだ。

最初に全面的な改訂がほどこされた一八一九年の再版は、注目すべき特徴を示している。まず、物語のひとつひとつが童話にふさわしい表現に改められている点。初版で掲載されていた注釈がなくなり、読みやすくなっている。そして、巻末に聖者物語が加わっている点だ。最も大きな変化は、この版からは弟のヴィルヘルムが文学的表現で全体を統一していることだ。兄のヤーコプは、民話を口伝えの形から変化させることを嫌っていたが、ヴィルヘルムが口伝えの話を標準語に書き直し、文学的な表現で洗練させたところから、グリム作品の普及が大幅にすすんだ。

　これはヴィルヘルムが、民話を通じてゲルマン民族の信仰、言語、伝承を研究するだけにとどまらず、民話をドイツ人に広く紹介し民族意識を啓発しようと考えたためだ。

　同時に、改訂が七回にも及んだ裏には、時代の要請も含まれている。兄弟が収集した民話の多くは、宗教的、道徳的にそぐわない残酷な話や描写が含まれていた。草稿や初版の段階では、残酷なストーリー展開や表現がそのまま残されていたが、改訂がすすむにつれて、それらは徐々に和らげられている。

　たとえば、『犬と雀』（初版では『忠実な雀の名づけ親』）は、雀の友達である犬を轢《ひ》いた馬方が、雀に復讐され死んでしまう物語。初版で犬が轢かれるのは、泥酔して道に寝そべっていたからで、自業自得な感じがするが、改訂版では犬は疲れて横になっていることになっている。さらに、男は悪意に満ちた存在に書き直されている。

　実の母親と娘の対立を継母と娘の対立に書き直し、性的な表現の部分も大幅に改訂された。兄弟は自分たちの道徳観に民話を照らし合わせてリライトした。その結果、罪のない者はより優しく扱われるが、悪人や不道徳な人間に対してはより厳しい罰や運命を与えるという、決定版（第七版）のグリム童話の形が完成した。各国の翻訳本はほとんどがこの決定版を訳したものである。

11 『ハンスのトリーネ』トリーネはどこへ行ってしまったのか？

「ハンスのトリーネはなまけ者で、何もしたくありませんでした」

で始まるこのお話は、ハンスのトリーネとはいったい誰なのか、何の説明もない。

トリーネは「食べようかしら、寝ようかしら、それとも仕事をしようかしら？　そうだ、まず食べよう」といって、お腹一杯食べる。すると今度は「そうだ、ちょっと寝よう」といって寝てしまう。なかなか仕事をする気にならないのである。

あるとき、ハンスがやってきて、昼すぎになってもまだ寝ているトリーネのスカートを、こっそり膝まで切ってしまう。外に出たトリーネは、いつのまにかスカートが短くなっているのでびっくり。「わたしは、トリーネなの？　トリーネじゃないの？」と悩んだ末、家に戻って窓をたたき「トリーネは、なかにいるかしら？」とたずねる。

ところが家の人たちは、トリーネがまだ寝ているものと思い、「いる」と答える。

「なんだ、じゃあわたしはトリーネじゃないのね」

すっかり納得したトリーネは村から出ていくと、二度と帰ってはこなかった。そして、ハンスはトリーネとおさらばできました——で、このお話は終わり。

トリーネは、なんとなく知恵のたりない女の子という気がするが、年齢について確かなことは書かれていない。では、ハンスはいったい何者なのだろうか？

この謎の答えは、第二版で『ハンスのトリーネ』と差し替えられた類話『かしこいエルゼ』というお話を読むと明らかになる。ある夫婦に、かしこいエルゼと呼ばれる娘がいる。やがて結婚相手としてハンスという男がやってくるが、ハンスはエルゼが名前のとおり本当にかしこいなら結婚しよう、と条件を出す。これで、ハンスはトリーネの夫だとわかる。ここでもエルゼは、やはり頭の弱い娘として描かれている。

『かしこいエルゼ』の後半は、『ハンスのトリーネ』とほぼおなじプロットになっている。だが、エルゼが自分がエルゼかどうかわからなくなり「エルゼはなかにいるかしら？」と窓の外から尋ねたとき、「いるよ」と答えるのはハンス自身。この部分『ハンスのトリーネ』と比べると、けっこう残酷かもしれない。

この種の話は笑い話としてヨーロッパで語られてきたようだが、つまりは、頭が弱く、なまけものの妻を夫が追い出すお話なのである。これも見方によっては、働かざる者食うべからず、という教訓なのかもしれないが……。

12

『ナイフを持った手』
手が切られて、恋人たちの関係も切れた!?

男兄弟に末っ子が妹というシチュエーションが大好きだったグリム兄弟。『十二人の兄弟』や『七羽のカラス』のように末っ子の妹が兄たちを助けるという話が多いのは、その姿に自分たち兄妹をみていたようだ。これについては、第VI章で詳しく述べよう。

だが、あまり仲がよいとは思えない兄妹の話も、グリム童話にはある。

あるところに三兄弟と末っ子の女の子がいた。兄弟は母親にかわいがられていたが、末の妹はいつもこきつかわれ、怒鳴られ、毎日料理や暖をとるための泥炭を荒れ地に取りにいかなければならなかった。泥炭をとるための道具も古くて使えないものだった。

だが、女の子には恋人がいた。それは、彼女の家の近くの丘に住む妖精で、女の子が荒れ地に行くためにその丘を通るたび、妖精は岩から魔法のナイフを差し出した。そのナイフのおかげで、女の子は簡単に泥炭を切り出すことができた。そして、帰るときは岩を二回たたくと、また妖精の手がのびてきてナイフを受け取った。

ところが、ある日、女の子のようすをあやしんだ母親が、三人の兄たちにあとをつけさせることにした。兄たちは妹が魔法のナイフを受け取るところを目撃すると、それをむりやり奪った。そしていつも女の子がやるように岩を二回たたくと、のびてきた妖精の手を切り落としてしまった。

血の滴った手は引っこむと、それから二度と姿を見せることはなかった。妖精は女の子に裏切られたと思ったのである——。

この『ナイフを持った手』というお話だが、深読みすると、なかなか面白い。

女の子と妖精が、仲のよい友達ではなく恋人どうしとなっているところ、なんとなく子供のためのお話ではない雰囲気を漂わせている。ふたりの関係をじゃまするために、いじわるな兄たちはわざと妖精の手を切ったのではないか、とも考えられる。妖精はナイフで手を切られたことを、恋人の裏切りと思ったわけだから、これでふたりは本当に手が切れたというワケ。

さらに深読みすれば、この兄妹は仲が悪いわけではなく、兄たちは妹を思うあまり嫉妬にかられて、妹と妖精の関係をぶち壊そうとした、ともいえる。

グリム兄弟がこの話について、そんなことを考えていたかどうかはわからない。ただ、この話は、口伝えに聞いた民話でなかったため、第二版からは省かれている。

13 『青ひげ』妻はなぜ開かずの間を開けてしまったのか？

気味悪い王様に嫁がされ、三人の兄たちと引き離されてしまった末の妹。青ひげに登場する主人公の身の上だが、ヤーコプとヴィルヘルムのグリム兄弟には、おなじように妹がひとりいた。その妹はある政治家と結婚したが、グリム兄弟が社会的に追放されると、妹の夫は保身のため、兄弟たちとつきあいを断ってしまう。

妹を可愛がっていたヤーコプとヴィルヘルムのふたりにとっては、この義弟はまさに青ひげのように、妹を奪った憎い相手だったのだろう。グリムがこのストーリーを書くとき、青ひげに義弟を、主人公に妹の姿を重ね合わせて、兄たちが青ひげを殺し、妹を助け出して、兄妹が仲良く暮らす、という結末に密かに悦に入っていたのではないだろうか。

しかし、グリムお気に入りのはずのこの話は、初版以降は姿を消している。これは、ペローの童話のなかにあまりにも類似したものがあって、盗作が明らかだったからだろう。

さて、ストーリーに話を戻すと、この青ひげ、前妻たちを殺し、その死体を開かずの間の壁にかけていた。異常性格の持ち主には違いないが、彼は妻を理由もなく殺していったわけではないようだ。自分の留守中に、妻が退屈しないよう屋敷じゅうの部屋の鍵を渡す。そのなかの金の鍵だけは使わぬようにと言い渡す。この「開かずの間を開ける」という行為が、「姦通」を暗示しているのだという見方もある。禁断の部屋を開けたとき、鍵についた血が染みついてとれなかったのは、姦通してしまった事実が消せないことを意味する。

これは社会背景を考えると、非常に納得できる。中世ヨーロッパの貴族は、戦争などで長期間留守にするとき、妻が浮気しないように「貞操帯」をつけさせた。これは金属でできたパンティのようなもので、肝心の場所がかたく金属でおおわれている。これを妻にはかせ、鍵をかけ、その鍵は自分が持って出てしまうのだ。もっとも、妻も負けてはいない。亭主が出かけてしまうと、職人に合鍵を作らせ、恋人との情事を楽しんだらしい。

つまり、この解釈でいけば、青ひげは、自分の留守中に妻が浮気をしたから、怒ったのだ。その裁き方が、尋常ではなかったということなのだが、ただ、中世ヨーロッパでは、妻が浮気をした場合、亭主が自由に裁けるという法律があったようだ。

ところで、この青ひげにはモデルがいたとわれている。十五世紀にジャンヌ・ダルクの側近として活躍した、フランスの軍人、ジルドレ侯爵だ。彼は、三十歳をすぎたころから、怪しい行動に走るようになった。祖父から莫大な財産を譲り受けていた彼は、自費で礼拝堂を作ったが、それは信仰心などとはほど遠い、淫らな目的のため。彼は、この礼拝堂に聖歌隊を作り、その名目で全国の選りすぐりの美少年を集めた。そして、昼は聖歌隊の清らかな仮面をつけさせ、夜は美少年をいたぶる、殺すのご乱行。それだけでは満足できなかったのか、彼の城の周辺では、少年が消えるという事件が頻発したという。この事件が明るみに出たのは、爵位を取り上げられたジルドレの城から無数の子供の白骨死体が出たからだ。ただし、これは彼を陥れるための政府の陰謀という説もあり、真相は闇のなかだ。しかしこれが本当なら、彼が殺した子供の数は、実に六百人にものぼるという。

また、十六世紀のイギリスには、青ひげ公爵と呼ばれた国王もいた。あの英国国教会を誕生させたヘンリー8世だ。離婚を許さないローマ法皇に反抗し、離婚するために、カンタベリー大司教をおどして、新しい教会を設立してしまったのだ。そうまでして手に入れた妻アン・ブーリンとも長つづきはせず、結局、妻をかわるがわる六人めとり、うちふたりに無実の罪を着せて、殺してしまったからだ。

史実はさておき、この童話のなかの青ひげは、少々可哀想な男のようでもある。新妻には贅沢をさせて、大事にしているのに、その容貌が薄気味悪いせいで、妻は心を開こうともしない。愛して、大切にしても、容貌のせいで愛されず、いつか裏切られる……。そんなことの繰り返しだったとしたら、確かに人格が歪むのもしかたないかも。

14 『長靴を履いた猫』どうしてネコが靴を欲しがるのか？

粉ひきの小屋をもらった長男、ロバをもらった次男、ネコをもらった三男。いちばん貧乏くじをひいたかに見えた末息子が、このネコのおかげで王様におさまってしまう。

物語では、この福を呼ぶ招き猫のようなネコが、初めに末息子にある条件を出す。

「僕に革の長靴を一足作ってください。そしたらあなたを出世させてあげますよ」

どうして靴なんだろう、と不思議に思わなかっただろうか。これが食べ物だったら、

「きびだんごをくれれば、鬼退治についていきますよ」

と、いかにも動物の発想っぽくて、わかりやすい。そうでなくても、一張羅の服というなら、まだわかる気がする。でも、なぜかここでは靴なのだ。

ここでは、どうしてネコが靴を欲しがったのか、この謎について迫ってみよう。

ヨーロッパでは古代以来、奴隷や囚人は靴を履くことを禁じられていた。農民ならせいぜいが木靴か、短靴。十六世紀に入ると、農民のあいだでも革製の長靴が広がりはじめた

が、騎士が乗馬のときなどに履く、特別な靴のイメージのほうが強かったようだ。

　つまり、ネコは主人に革の長靴を要求することで、

「奴隷の身分から解放してくれ」

　と訴えたのである。そして同時に、この三男を出世させつつ、自分も出世をすることをもくろんだ。もちろん、勝算があってのことだ。

　この時代、家人は、主人にせっせと仕えることで、どんどん自分の身分を上げて出世していき、しまいには貴族とほぼおなじ身分にまでのぼりつめる——というのは、実際に起こりうることだった。まったくの夢物語ともいいきれない。

　それに、分割相続のうえで長男が優遇されていた時代なので、粉屋なら粉引き小屋を長男がもらうのも事実に即している。次男、三男は、女系の家族を見つけて、入りこまないと、一国一城の主なんて、夢のまた夢だったのだ。

　逆玉狙いは、男のクズなどではなく、むしろ騎士道精神にのっとった、男の甲斐性だったのだ。この物語は、グリムの時代からちょっとさかのぼった十六世紀ごろの話として読むと、けっこうリアルなサクセスストーリーなのである。

　この物語は、残酷さゆえに初版から消されたわけではないが、『青ひげ』同様、ペローの童話と酷似していたため、削られた。

15

『子供たちが屠殺ごっこをした話』非難ごうごうの残酷物語が初版に収録されたワケ

グリム童話初版のなかに、とても不思議な話がある。それをかいつまんで紹介しよう。

子供たちが屠殺ごっこをして遊ぶことにした。ひとりが肉屋に、ひとりが料理番に、もうひとりがブタになった。肉屋役の子がブタ役の子ののどにナイフを突き立てた。しゅうしゅうとあふれ出る血を、料理番の子が皿で受けた。そこを通りかかった市の役員が、驚いて市の役員を集め、この事態にどう対処するか話し合った。子供に悪意がないことはわかっていたので、誰も判決を下せなかった。そこで、ひとりの老議員が提案した。りんごと金貨の好きなほうを子供にとらせ、りんごをとったら無罪、金貨をとったら死刑ということにしたらどうか、と。そのとおりに試してみると、子供はりんごをとったので何のおとがめも受けずにすんだ――。

さらに同題で、もうひとつ。

幼い兄弟が屠殺《とさつ》ごっこをすることにした。兄は自分が肉屋になり、弟をブタ役に決めると、弟ののどにナイフを突き立てた。弟の悲鳴を聞いた母親が急いで飛び出してみると、弟は血の海のなかで白目をむいて死んでいた。逆上した母親は、弟ののどからナイフを抜き取ると、兄の心臓をひと突きに刺してしまった。それから、末の子を風呂に入れていたことを思い出し、あわてて取って返したが、末の子はすでに湯舟のなかで溺れ死んでいた。母親は絶望のあまり、首を吊って死んでしまった。やがて外から戻った父も、この惨劇に驚いて死んでしまった――。

かなりシュールなこの二つの童話は、初版が出ると、残酷さには意外と寛容な当時の社会でも非難ごうごうだった。友人のアヒム・フォン・アルニムは、彼らに「どうして『子供と家庭のための童話集』に子供に聞かせられない話を入れたのか」と責めた口調の手紙を送っている。そのため二版では、あっさり削られることになった。

この話については、「なぜ削られたのか」よりも、「なぜ入れたのか」が気になるところだ。夢も、救いも、教訓も見出せないこのストーリーを、人の評判を気にするグリムがなぜ入れたのか。兄弟は初版を刊行するとき、二百という数にこだわったというから、苦しまぎれの埋め草だったのか。それとも、集めた話をあくまで忠実に残そうとした誠実さの結果なのか。はたまた、グリム自身はこの物語に、何か意味を見出していたのか。

結局、深く考えていなかっただけのような気もするが……。

16 『奇妙なおよばれ』悪意に満ちた不思議な怪作

血入りソーセージが仲良しのレバーソーセージを食事に招待した。レバーソーセージは喜んで出かけていくが、玄関の前で、ほうきとシャベルの取っ組み合いとか、頭に大ケガした猿などといった、奇妙な光景を目にする。

それでも、なかに入っていくと、血入りソーセージが席を外したすきに、何者かが告げた。

「気をつけろ。レバーソーセージ。ここは人殺しの巣窟だぞ」

それを聞いたレバーソーセージは、一目散に逃げ出した。遠くまで逃げて振り返ると、窓から血入りソーセージが、手に長い包丁を持って睨んでいた。

「食ってやろうと思ったのに！」

この話は、第三版以降は省かれている。これは物語自体が奇妙なためではなく、『名づけ親』という類似話がもうひとつ収録されていたからだ。

しかしこの玄関の前の奇妙な光景には、いったい何の意味があるのか。気になるところだ。

17

『お腹をすかせて死にそうな子供たち』

飢えに狂い、子を食べようとする母親

母とふたりの娘が、食べるパンもない、ひどく貧しい暮らしをしていた。

母親は空腹で正気を失い、上の娘に、

「おまえを殺さなければならない。わたしの空腹を鎮めるためにね」

と、いいだす。すっかり怯えあがった娘は命乞いをして、どうにかパンをひときれ持ち帰る。

だが、それくらいでは母親の空腹はおさまらない。今度は下の娘に「おまえの番だよ」といいだす始末。下の娘は殺されないために、おなじように外へ出かけてパンをふたきれ持ち帰ってくる。しかし、やはり母親の空腹はおさまらない。

「おまえたちには死んでもらうしかないね。そうじゃなきゃ飢え死にしてしまうよ」

という母親に、娘たちは、こう答える。

「お母さん、眠りましょうよ。最後の審判の日が来るまで、起きないでいましょうよ」

そうしてみんなは横になり、深い深い眠りにつく。この『お腹をすかせて死にそうな子供たち』は、暗くて悲惨で、とても童話とは思えない話である。寓話とも考えられない。

これはきっと現実で、深い眠りについた子供たちは、永遠に目をさますことはないのではしかも最後は、「ところが母親だけは、どこかに行ってしまって、その行方は誰にもわかりません」という一文で終わっている。

かよわい子供たちは虐待されたあげくに餓死、一方、母親のほうはひとり消えてしまうのである。このお話は、グリム兄弟が十七世紀の書籍からとったものだ。第二版以降は削除されているとはいえ、なぜ初版にこのような悲惨な話を収録したのか、これが口承伝承ではないことも含めて謎である。

18

『人殺し城』まだいた！　青ひげそっくりな怪しい男

『人殺し城』は、『青ひげ』に酷似していたことから削られた話である。

靴屋の三人娘のところへ、ある日、豪華な馬車に乗った、立派な身なりの美しい男がやってきた。男は娘のひとりをとても気に入り、妻に迎えるために自分の城へ連れていく。娘のほうも、こんな金持ちと結婚できて……とにんまりだ。あるとき、男は仕事ができたので二、三日出かけるという。

「城のなかをくまなく見られるように、鍵はみんなおまえに預けよう。おまえがどんな富と財産の持ち主か、とくと見ておくといいだろう」

娘は城のなかをくまなく見てまわった。最後に地下室を覗いたところ、そこにはひとりの老婆がいて、死体から腸を掻き出していた。

「あしたはあんたのも掻き出すんだよ！」

娘は恐怖のあまり、手に持っていた鍵を血のたらいのなかへ落としてしまう。血はいく

ら洗ってもとれない――。
　確かに『青ひげ』とプロットは似ている。だが『青ひげ』の場合、ある部屋だけは見てはいけないと禁止されていたのに、この話では、どこでも見ろ、といわれている。「見るな」といわれて見てしまったのなら、恐ろしい目にあっても自業自得だが、好きに見ろといわれて、とんでもないものを見てしまった娘は、運が悪いというか何というか……。
　このあと、娘は干し草を積んだ荷車に隠れ、どうにか城を抜け出すことに成功する。『青ひげ』では、娘は兄たちに助け出されている。『青ひげ』の娘はどうも屋敷に住むお嬢様っぽいが、『人殺し城』の娘は、靴屋の娘。ひとりで脱出するあたり、庶民はたくましいのである⁉

第III章

グリム童話に秘められたSEXの暗示

19 『マリアの子供』ヴィルヘルム・グリムはストリップ・ショーがお好き？

心理学的にみると、グリム童話のなかには、ヴィルヘルムが削ったにもかかわらず、エロティックな物語がまだまだ隠れている。

たとえば『マリアの子供』。

貧しい木こりの夫婦にひとりの娘がいた。その子に食べさせるパンもないので、木こりが森で困っていると、突然目の前に聖母マリアが現われる。

「私があなたの子供の母となり、面倒をみましょう」

娘はマリアの子となって天国で暮らしはじめる。それから十四年が経ったある日、マリア様が遠くに出かけることとなった。

「私がいないあいだ、天国の十三の扉を開く鍵をおまえに預けよう。でも、十三番めの扉は開けてはいけません」

マリア様はこういって鍵を渡す。それから娘は、毎日扉をひとつずつ開けていった。部屋のなかには、まばゆい光に包まれた十二天使たちがいて、娘はその美しさにうっとりと見ほれる。

そして、残すは、マリア様が禁じた十三番めの扉。しかし娘は好奇心に勝てず、十三番目の部屋の鍵をあけてしまう。部屋のなかにいたのは、火と光に包まれた三位一体の神様。娘が手を触れると指が金色に変わってしまった――。

この十三という数字は、キリスト教ではとても縁起の悪い数字。この十三番めの扉を開けることを禁じたマリア様は、娘が誘惑に勝てるかどうか試したのだ。

昔話のなかで「開けるな」といわれれば、それは「開けろ」といっているようなもの。『青ひげ』でも、妻は禁じられた部屋を開けてしまう。

心理学的には、禁じられた部屋とは、性的な警告を意味するという。鍵も、鍵穴も、鍵のかかった部屋も、すべてその象徴だというのだ。簡単にいえば、鍵は男性器、鍵穴は女性器。つまりは「ふしだらな行為（セックス）をしてはいけない」という意味だ。

まさに年頃になった娘は、聖母マリアに禁じられていたにもかかわらず、セックスを経験してしまったというワケ。金色になってしまった指は、その行為に対する後ろめたさを表わしているのだ。

ところで、このお話には、特筆すべき点がまだある。ヴィルヘルムは婚前交渉や妊娠、近親相姦などの性的ほのめかしに厳しかったが、この話のなかでは自らエロティックな部分を加筆しているのだ。

娘が扉を開けてしまったことを見破ったマリア様は、嘘をつく娘を罰として下界に追放する。娘は誰もいない森でけもののように暮らさなければならず、着ていた服もやがてボロボロになってしまう。

そこの描写なのだが、草稿の時点では、ただ天国で着ていた服をとりあげられるだけなのに対し、初版では服はボロになってしまう。そして、第二版以降では、

「しばらくすると服はボロボロになり、ちぎれたきれがつぎつぎと体から落ちました。それからまた太陽が照るようになると、少女は外に出て木の前に座りました。長い髪がまるでマントのように四方から体を包みました」

と、裸になってしまうのだ。

その後、娘はどうなるかというと、森のなかに迷いこんだある国の王によって発見される。娘を見初めた王は、城へと連れて帰り、自分の妻に迎えるのである。

王はつまり、裸の娘を見て性的な欲望をかきたてられた、ともいえるワケだ。

セックスはだめだが、裸ならいいのか⁉　徐々に娘の服をはぎとり、裸になるよう筆を加えていったヴィルヘルムは、ひょっとしてストリップ・ショーが好きだったのかも……。

20 『誠実なフェレナントと不誠実なフェレナント』お姫様は自分の欲望にとっても正直!?

『誠実なフェレナントと不誠実なフェレナント』は、性と残酷さの両方のスパイスがきいた、ユニークな物語だ。

誠実なフェレナントという名前の美しい青年が、旅の途中に、不誠実なフェレナントというズル賢い男と出会い、ある国に向かう。ふたりはその国の王様に仕えることになる。不誠実なフェレナントは、誠実なフェレナントが気に入らず、王様が某国の姫に恋焦がれているのを知って、誠実なフェレナントにその姫を連れてこさせるよう仕向ける。その姫の国へ行くには、巨人と大きな鳥のいる海を渡らなければならなかった。だが、誠実なフェレナントは白馬の助言に助けられて、無事に姫を王のもとへ連れ帰る。

さて、このお姫様だが、王様よりもフェレナントを好きになってしまう。その理由は、王様には鼻がなかったから。精神分析では、鼻とはペニスの意味をもつ。まるで猥雑なジョークのような話だが、このことにヴィルヘルムは何も気づいていなかったようだ。

ちなみに、これと似た意味で『奥さまきつね』というお話がある。夫のきつねが死んだと思いこんだ（死んだふりをしているだけ）奥さんきつねが、再婚相手を物色しはじめる。尻尾が一本しかないきつねの申し出を断り、それから二本、三本……とようやく九本のきつねがやってきたとき、奥さまきつねは再婚を決めるのだ。この尻尾もペニスを連想させるもの。しかもドイツ語では実際、尻尾という単語は俗語でペニスを指す。

ヴィルヘルムは、この童話がとても卑猥な意味にもとれることに少しも気づかず、恩師ザヴィニーに手紙で、「これは私が一番好きな話です」なんて書き送っている。

喘息もちで、家に閉じこもって研究ばかりしていたヴィルヘルムに、そのへんの知識はなかったのかもしれない。話を再びお姫様の話に戻すと、王様と結婚したくないお姫様は、みんなの前でちょんぎった首を元どおりにつなぐという、ギョッとする奇術を披露する。姫はまず、誠実なフェレナントの首をはねると、元どおり頭の上にのせて、くっつけてみせる。そしてつぎに、王様にその術をかけるのだが、姫は首をちょんぎったあとわざと首をうまくのせられないふりをしたので、王様は死んでしまう。

こうして、姫はめでたく（?）誠実なフェレナントと結婚するという結末。この姫様、ペニスのない夫をもつという人生最大の不幸を自分で回避してしまった、グリム童話のなかではかなり行動的な女性といっていいだろう。

21

『赤ずきん』赤ずきんはオオカミに犯されていた？

グリム童話が純粋なドイツの民話だけではないという話は第Ⅰ章で述べたが、有名な『赤ずきん』も、元をたどればフランスにいきつく。この話に限っていえば、あまりにもいい子に「成り下がっている」グリムの赤ずきんは、少々物足りない。グリムはどうやらペローの童話からこれを拝借したらしいが、ここではその題材となった、フランスの民衆のあいだで語り継がれていた話を紹介しよう。

おばあさんにパンとミルクを届けにいく途中の赤ずきんは、森でオオカミに出会う。先回りをしたオオカミはおばあさんを殺すと、肉をばらして戸棚にしまい、血を絞ってビンに詰めておく。そこへ、赤ずきんが到着。オオカミはおばあさんを装い、赤ずきんの労をねぎらうふりをして、おばあさんの肉を食べさせ、血をぶどう酒といって飲ませてしまう。

うすうすとだが、ようすのおかしいことに気づいた赤ずきん。しかし、何やら恐いので、おばあさんのいうがままだ。さて、食事のすんだ赤ずきんにオオカミはいう。

「さあ、赤ずきん、着ているものをすべて脱いで、私と一緒にベッドに入ろう」――。

フランス版には、グリムにはない「カニバリズム」と「性犯罪」の匂いが満ちている。そして、頼みの綱の猟師は登場しない。赤ずきんはあくまで、自力で逃げ出すのだ。

「おばあさん、私、おしっこがしたくなっちゃった。外でしてきてもいいかしら」

赤ずきんは無理矢理、外へと出るのだが、このとき逃げないようにと体に縛りつけられた縄をほどいて、木に結びつけると、脱兎のごとく家をめざすのだ。このとき、もちろん服なんか、身につけていない。そのなりふりかまわぬ逃げ方は、当時必死に生きていた人の生き方にも通じるものがあるようで興味深い。

グリムの赤ずきんは、猟師に助け出される他力本願型。原型に較べると、おとなしすぎるようだが、時代を反映したせいともとれる。オオカミとは、幼い子供を襲う性的な倒錯者や狂人のことなのだ。十六〜十七世紀のヨーロッパでは、生活に追われた親たちは、子供の面倒を十分に見てやるゆとりがなかった。放ったらかされた子供たちは、こうした犯罪者たちの恰好のえじきで、子供が殺されたり、犯されたりする犯罪が頻繁に起こった。この種の犯罪者は、魔女狩りと同質の「人間オオカミ裁判」にかけられ、残虐な刑に処せられた。腹を切り裂かれ、石を詰めこまれるという、『オオカミと七匹の子ヤギ』を地でゆく刑は、すでに十二世紀ごろからあったようだ。

22 『手なし娘』悪魔は、娘の貞操を狙う父親だった？

「水車小屋の後ろにあるものを私にくれるなら、おまえを金持ちにしてやるよ」

森で出会った老人にこんなふうにささやかれた貧しい粉ひきの男は、水車小屋の後ろにある風景を頭のなかに思い描いた。そこにあるのは一本の古いりんごの木……。

これは悪い取り引きではない！

即座に判断した粉ひきは、老人の姿を借りた悪魔と、その場で約束を取り交わした。家に帰って、見たものは、見違えるほど立派に様変わりしていた自分の家と、裏庭の水車小屋の後ろにはえたりんごの木の下で休んでいる最愛の娘だった……。

グリム童話では、極貧ゆえにうっかりと甘い誘惑にのってしまった善良な粉ひきが、悪魔のいいつけで、泣く泣く娘の両腕を切り落とすことになっている。娘は流した涙のおかげで体が清められ、どうにか悪魔からは逃れることができた。だが、ここにはいられないといって、家を出てしまう。

なぜ、娘はわざわざ家を出なければならなかったのか。それは、悪魔の正体が、この父親自身だったからだ！

実は、グリム兄弟が聞いた『手なし娘』本来のストーリーには、悪魔というキャラクターは登場しない。じゃあ、どんな話だったのかというと、父が娘に強引に性的関係を迫り、拒まれると、怒って娘の乳房と両腕を切り落としてしまうのである。娘がこの家にいられない事情とは、父親との関係が原因だったのだ。

キリスト教では近親相姦は絶対的なタブー。だからグリムは、ストーリーを変えずに、この問題を解決するために、頭をひねった。実社会では、富豪や貴族の家でも、近親相姦は横行していたが、事実には目をつぶれても、出版となると急に厳しくなるのは、どうやら今も昔も変わらぬらしい。

ところで、この話には日本にも類話がある。もとは西欧から渡ってきたようだが、悪魔を悪役の定番・継母に変えて、すんなりと話をまとめている。最後に手が生えてくるシーンも、観音様という当たり役を登場させて、超自然現象の説明を見事クリア。子を思う母の気持ちを前面に出し、なかなかに、日本人の心のツボを抑えている。

実は日本だけでなく、世界じゅうに類話はあるのだが、信仰心を説きやすい素材もさることながら、子を思う母心が普遍のものだけに、理解されやすかったのだろう。

23

『千匹皮』グリム童話唯一の、父と娘のアブナイお話

グリム童話のなかで近親相姦を扱っている話が、『手なし娘』と『千匹皮』の二話だ。22でも説明したが、『手なし娘』は性的な描写を嫌ったヴィルヘルムによって、大幅に書き換えられてしまった。初版を読んで、読者はこの話が父親の娘に対する近親相姦の話だとは、とても気づかないだろう。

しかし、『千匹皮』は、今も読まれるグリム童話のなかで、唯一、近親相姦がそのまま描かれたお話なのだ。

ストーリーをざっと紹介しよう。

昔、王様と金色の髪をした美しいお妃様がいた。ふたりのあいだには姫がひとりいたが、あるときお妃が病気になり、王と娘を残して死んでしまう。

お妃は息を引きとる際、王に、「自分とおなじくらい美しく、金色の髪をしていなければ、結婚してはいけない」という。王はひどく悲しんだが、やがて周囲の相談役たちのす

すめで再婚することになる。

だが、どこを探してもお妃の遺言にかなう姫はいない。王が、ふと側を見渡すと、なんとお妃にそっくりな、世にも美しい金髪の姫がいるではないか。

王は自分の娘に、たちまちのうちに恋してしまう。そして、周囲が止めるのも聞かずに、娘と結婚すると決めてしまった。

いっぽう、その罪深い考えを聞いた姫は、千種類の毛皮をつかったマントを王につくらせる。そして、それを着ると顔と手をすすで黒くぬって小汚い格好に身をおとし、森に逃げてしまう。

森で眠っていた姫は、その森の持ち主である王に拾われる。その姿から「千匹皮」と呼ばれ、さげすまれながら城で料理番として働く。やがて隠していた身分が明らかになると、王は姫を花嫁に迎え、ふたりは結婚し幸せに暮らす――という結末で、おしまいである。

それにしても王が自分の娘を求める欲望は、子供に聞かせるにしては、かなりあからさまではないだろうか。罪の意識も、節操もへったくれもあったものではない。

ところでヴィルヘルムは、この部分を変更しようとすると、話の筋がまったく変わってしまう可能性があるからか、初版では手を加えようとしなかった。そして、この話はグリム兄弟があれだけ近親相姦を嫌ったにもかかわらず、二版以降も収録されているのである。

24

『ラプンツェル』妊娠がばれた！ そのセリフとは？

性描写にうるさいドイツで、物議をかもしだした童話が『ラプンツェル』。これは、女性はともかく男性読者では意外と知らない人も多いと思われるので、簡単にあらすじを紹介してみよう。

ある子供のない夫婦が、熱心に祈っていると、やがて妻が身ごもる。この夫婦の家の隣には年老いた醜い妖精が住んでいた。この妖精の庭は誰にも入ってはいけない禁断の場所であったが、身重の妻の切望で、亭主は禁を破って隣家の庭に生えているラプンツェルを盗み出す。しかし、二度めには妖精に見つかり、見のがしてもらうかわりに生まれてくる子を差し出すと約束してしまう。

やがて、女の子が生まれると、妖精は約束どおり子供を連れ去ってしまう。そして自分の手で育てる。ラプンツェルと名づけられたその子は、やがて世界一美しい娘に成長する。娘が十二歳になったある日、妖精は娘を高い塔に幽閉し、自分以外は近づけぬようにする。

ある日、森を通りかかった王子が、窓辺にたたずむラプンツェルを見かけ、一目ぼれしてしまう。塔のまわりをうろついた王子は、妖精が娘の髪をたらさせて、ひきあげてもらうのを見ると、後日、自分もその方法をまねて、娘のもとへと上がっていく。初めは驚いたラプンツェルも、しだいに王子に心ひかれ、ふたりは密会を重ねるようになる。

ある日、娘のもらした不用意な一言から、この事実を知った妖精は、激怒して娘を塔から追い出す。追い出された娘はやがて、男女の双児を生む。一方、王子はいつものように、娘に会いにきたが、待っていたのは怒り狂った不気味な妖精で、娘はもうここにはいないと告げられる。衝撃のあまり、塔から身を投げた王子は、命は助かったものの、両目が抜け落ちて、盲目になってしまう。

そして、そのまま長い年月、森をさまよい歩いた王子は、ある日、懐かしい声に遭遇する。こうして再会したふたりは、子供も交えて、幸せに暮らす――。

といった物語だが、ここで、問題になってくるのが、妖精に妊娠（王子との肉体関係）を見抜かれたラプンツェルの言葉だ。

「おばさん、私どうしたのかしら。最近、お洋服がきついの」

グリムの初版では、たったこれだけである。確かに大人が読めば、まあ文脈からいって、妊娠だろうなと察しはつくが、子供が読んでも、はたして意味がつかめたかどうか……。

しかし、この言葉は妊娠をほのめかす言葉として、世間から相当非難されたようだ。

「赤面せずに、子供にこの童話を読んでやれるか」というのだ。うるさ型の意見で、この描写は、二版以降は姿を消す。かわりに、「王子様を引き上げるのは、おばあさんよりも重いわ」などと、芸のないセリフに置き換えられている。

残酷なことはオールOKのグリムの時代も、こと不道徳な性描写に関しては、とても厳しく禁じられていた。非常にアンバランスな気がするが、これは子供のための童話だからという言い訳はさることながら、宗教的に性行為が汚らわしいもの、つまりタブーとされていたためだろう。

とはいえ、実生活となると、十八世紀のヨーロッパでは、貴婦人たちが朝の謁見のおり、わざわざネグリジェでベッドに横たわりながら、あるいは裸で風呂に入りながら、男性の訪問を受けたり、乳房丸見えのシースルードレスを着て、夜会にお出ましになったり、かなり乱れていたようだ。

もっとも、その流行の発信地でもあり、この童話の出どころでもあるフランスになると、おなじ話でも、もっとストレートにこう表現している。

「それは、彼女にとって、痛くもあり、心地よくもあり、素敵な体験だった」

さすが恋の国である。

25 『いばら姫』箱入り娘ほど処女喪失は早い？

「国じゅうの糸紡ぎ機を集めて、みなこわして燃やしてしまえ！」

国を支える産業も、かわいい娘の命には換えられない……。そんな親の愛（エゴ？）が、かえってあだになってしまった皮肉な物語が『いばら姫』だ。いばら姫は十五歳まで、糸紡ぎを見たことがなかったため、珍しさに手を出したくなったのだし、その危なさも知らなかったのだ。まるで、娘を男性に近づけまいと苦心する父親が、一瞬目を離したすきに、初めて見る男性の珍しさに、警戒心も忘れて体を汚されてしまった女性のようである。

実際に、この物語のいわんとするところは、まさにそこだ、という解釈がある。糸巻きはフロイトが喜びそうな、屹立した形。これが男性の性器を表わしていて、その糸巻きに貫かれた＝処女喪失だというのだ。

では、なぜこんなことになってしまったのか。

いばら姫が生まれる前、お妃は水浴びをしていて、カエルに出産の予告を受けている。

これが実は、カエル＝庶民階級の若者との姦通を意味するもの、つまり、それで生まれたいばら姫は生まれながらにして「罪の子」という設定なのだ。お妃様には、この罪の意識があって、生まれてきた娘に、過重に性の抑圧をしてしまった。糸紡ぎ機を近づけまいとするのは、男性を近づけまいとすることの象徴だった。

「十五歳の年に、姫は糸紡ぎ機の糸巻きに刺されて死ぬだろう」という妖精の呪いは「十五歳の年に、姫は男性に処女を奪われて結婚前に妊娠するだろう」の意味でもあったのだ。

百年間眠るのは、早すぎる妊娠を何とか避け、かつ、処女を保ったと王様とお妃様を納得させる手段でもあったのだ。そして、いばら姫自身も、厳しい両親のもとで、知らず知らずに陥っていた「処女喪失恐怖症」を克服するために、必要な時間だったのだ。

それにしても、この百年間、いばら姫のウワサを聞いた何人もの王子様が城にやってきたものの、みないばらのやぶで命を落としている。いばら姫とめでたく結ばれた王子様は、男性として人間として最も優れていたわけではなく、ただ単にタイミングがよかっただけなのだ。

親は娘が、十六歳で、非の打ちどころのない優れた男性と結婚するより、二十五、六歳で凡人と結婚してくれたほうがうれしいものなのだろうか。

人生での出会いはタイミングでもあるという教訓でもある。

26 『カエルの王様』カエルが王子様に変わったホントの理由

「あなたとおなじ皿で食べて、あなたとおなじベッドで眠らせてください」

　好きな人にいわれるか、嫌いな人にいわれるかで、だいぶ受け手の感情が違ってくる言葉だ。しかし、このお姫様は相手がカエルだったから、嫌がったわけではない。これが最初から人間の男の人だったとしても、嫌だったのだ。

　というのも、このお姫様、実は心がまだまだ未熟だったから、男性を受け入れる用意ができていなかった。処女喪失に極度の恐怖を抱いていたのだ。

　それは、話の流れからどう考えても結婚適齢期であるのに、ひとりで鞠遊びをすることに無上の喜びを感じていることからも、うかがい知れる（もっとも、この鞠遊びをお姫様の隠れた「自慰行為」と解釈する向きもあるのだが）。

　カエルに約束の履行を迫られて窮した姫は、王に事情を打ち明ける。この時点では、姫は父である王様は自分を守ってくれると確信していたはずだ。

しかし、王様は姫を突き放す。

「自分の言動には責任をもて」

これが姫の成長を促すことになる。嫌々ながらも、自分の責任を果たすうちに、姫は壁を突き抜けて、大人の視点でものを見ることができるようになる。

それは、姫の心の成長を妨げていた〝処女喪失〟を、事情はともあれ、克服したことによるのかもしれない。

カエルが王子様に変わったのは、姫のほうの意識が変わったためでもあるのだ。つまりこれは、未熟だった姫が成長をとげて幸せをつかむ話なのだ。

ところで、本筋とは関係のないところで、グリムは苦心惨憺したようである。随所に書き換えの跡が残っている。

まずはベッド・シーン。初版では、壁にぶつかったカエルは、王子様に変身して、「ベッドの上に」落ちてくる設定なのだが、のちに「床の上に」落ちてくる設定に変えられている。ベッドの上に落ちてきたら、そのあとすることはひとつ、と周囲が考えたようだ。しかも、わざわざご丁寧に、変身してからのち「王の許しを得て」結婚したと書き加えられている。婚前交渉の匂いを完全に消し去ろうという涙ぐましい努力である。

表立っては性に厳しい社会風潮のなか、グリム兄弟も気苦労が多かったようだ。

第Ⅳ章

あなたの知らないグリム童話名作たちの、これが恐怖の真実!!

27 『シンデレラ』幸福のためなら姉の惨状も見て見ぬふり

お姫様論を語るなら、絶対にはずせないのがシンデレラ。もはやその名前は、「玉の輿《こし》」やら「サクセス・ストーリー」の代名詞にすらなっている。

そんなふうに、私にも素敵な王子様が現われないかな、と受け身で待っているそこの淑女諸君。騙されてはいけない。シンデレラは、美しかったことは事実だが、白雪姫とは違い、かなり積極的に自己主張するお姫様なのだ。

まずは、舞踏会に出かけるとき。魔法使いのおばさんが、ドレスから馬車から従者から、舞踏会用品一式を勝手に準備し送り出してくれたのは、フランスのペローの話。ディズニーの影響か、日本ではこの話が「シンデレラ」として定着してしまっているが、グリム童話では、こんな世話焼きおばさんは出てこない。シンデレラは、自ら母親の木に願うのだ。

「小さな木さん、小さな木さん。素敵なドレスを出してちょうだい」

そして、前の晩に現われたお姫様が妹とは気づかずに、悔しさをあらわにする姉さんた

ちの前では、まったく知らぬ顔を押し通すタヌキぶり。腹のなかではさぞかし優越感にひたっていたに違いない。かと思うと、ここぞというときには、臆することなく前面に出ていく。王子が、靴を片手に花嫁をさがしにくると、急いで灰まみれの手や顔を洗い流し、自分にもその靴を履かせてほしいと、かなりプッシュしているのだ。

そして日本で浸透しているのは、シンデレラが、謝罪する意地悪姉さんたちを許し、ネコも杓子も巻きこんでハッピー・エンドの大団円で終わる結末。だが、グリム童話に登場するシンデレラは、そこまでのお人好しではない。ここで、これもかなりたくましいふたりの姉さんたちのようすとあわせて、紹介しておこう。

王子とめでたく結婚することになったシンデレラ。幸せなふたりは腕を組んで教会へ入っていく。その横に、反省の色も見せない姉たちが、幸せのおこぼれにあずかろうと、ぴたりとついていく。シンデレラは、このふたりを完全にシカトしているのだ。そこへ飛んできた二羽のハトが姉たちの目玉をえぐり出す。それでも、ふたりを追う姉たちは、教会を出たときにまた鳩の襲来を受けて、残った片目もえぐり出されてしまう——。

行間から激しい女の闘いのようすがにじみ出てくるようだ。女どうしの確執の凄さは今だって変わらないが、プライドやら嫉妬といった個人の感情に、玉の輿やら権力やら財産やら、よけいなものがくっついてくればくるほど、それはより激しくなったのだろう。

28

『白雪姫』美しさゆえに実の母に三度も殺されかけた娘

りんごをかじったばっかりに不幸な目に遭った女性といえば、イブが有名だが、グリム童話のなかにもうひとり、忘れてはならない人物がいる。そう、白雪姫である。物売りに化けたお妃がいくら毒りんごを食べさせようと躍起になったところで、白雪姫の食い意地さえはっていなければ、ことなきをえたはず……。

このうっかり姫、実は意外と知られていないことだが、このりんご毒殺（未遂）事件で、お妃に殺されかけたのは三度め。一度めは、毒を塗ったきれいな櫛《くし》を頭にさされ、二度めは、胸元を飾る組み紐できつくきつく締め上げられ、あやうく殺されかけていたのである。

なのに、三度めのりんごでまでほぼ、同様の手口にひっかかっている。童話なんだから、といってしまえばそれまでだが、経験から学べないお馬鹿さんなのだ。ただし、顔がきれいだったおかげで、猟師に見のがしてもらい、命拾いしている。「女は少々馬鹿でも、かわいいほうがいい」という俗説をまさに地でゆくお姫様だったわけだ。

ただし、「きれい」なのは森の小人にも救ってもらうきっかけにはなったけれど、タダで置いてもらえたわけではない。料理や掃除、繕いものなどの雑用をこなすことを条件に受け入れられたのだ。

顔で得してる人も損してる人も、この事実を胸にきざんで、高飛車にならず、投げやりにならず、生きるべし（?）。

それに、この小人は炭坑労働者。当時の炭坑夫の暮らす場所は、元犯罪者や下層階級の庶民などの巣窟のようなところであり、女性には飢えていたから、深読みすれば、その慰みものになっていたとも考えられるのだ。

蛇足だが、この白雪姫、仮死状態のところに突然、王子様が現われる、あまりにも「究極に受け身」のお姫様だったことから、フェミニズム華やかなりしころのアメリカでは、この物語をよしとしない向きも現われ、けっこうバッシングされたという。

ところで、この白雪姫は望まれぬ子だったわけではない。のちに継母という設定に変えられてしまうけれど、実の母親である妃が切望し、望んだとおりに生まれた子なのだ。しかし、この娘が、はや七歳にして自分を追い抜くほどの美貌の持ち主に成長すると、美しさに執着するお妃様としては、愛情から憎悪の対象へと変わってしまった。

あな、恐ろしや……。

29 『ヘンゼルとグレーテル』は魔女狩りに名を借りた少年犯罪者か？

親に捨てられ、魔女に窮地に追いこまれながら、知恵で切り抜け、富と幸せをつかんだ兄妹……。そんな賢く健気なイメージの強い、おなじみのヘンゼルとグレーテルだが、その型どおりのイメージに波紋を投げかけるようなパロディがドイツで紹介されている。

その本のなかでは、ストーリーはまったく変わらない。ただ、ヘンゼル・グレーテルと魔女であるおばあさんの人柄が、従来のものと逆になっているのだ。

ヘンゼルとグレーテルは、貧しい暮らしに嫌気がさし、自ら家を出る。そして森のなかで、お菓子の家に辿り着く。そこでひとり寂しく暮らしていた善良なおばあさんは、かわいい子供たちを心から大歓迎し、ごちそうをふるまう。しかし、邪悪な子供たちは、おばあさんがお金や宝石を持っていることを知ると、それを盗むための策を練る。グレーテルは、おばあさんにパンの焼き方を教わるふりをして、おばあさんを焼けた釜のなかに押し入れて殺してしまう。こうして持ち主を消したふたりは、まんまとお金を手に入れた——。

実にうまくできたパロディで、事実関係は何ひとつ変えていないのに、登場人物の描き方を変えるだけで、まったく違った物語に仕上がっている。しかし、パロディと笑い飛ばさずに、よく考えてみるとこれは戦慄するような話だ。完全に少年犯罪の物語なのだ。

中世ヨーロッパでは、子供はとても弱い存在であったことは、前にも述べた。しかし、犠牲になるような子供たちばかりがいたわけではない。なかには、52「魔女狩り」の項にもあるように、殺されるのを承知で、実母を役人に売るような子供も実在したのだ。

仮に、このパロディが事実だったとしよう。だが、大いなる財産を抱えて村に帰ってきた子供たちが、グリム童話に記されている「勇気あふれる良い子」のような報告をしたとしても、誰が疑おう。

第一この時代、「魔女」といわれる女性を迫害しようと、財産をとろうと、罪には問われなかった。その盲点をついて、うまく立ち回る子がいても不思議ではない。フランス革命の折、贅沢三昧の末に処刑されたマリー・アントワネットは、ふたりの息子を思いながら死んでいった。その残された息子は、庶民として育てられることになったが、母親の処刑を見て「悪いことをしたのなら、いい気味だね」と笑ったとか。ショックで、本当に記憶障害に陥っていたのか、それとも保身のために演技をしていたのか、真実はわからないが、子供というものは、無垢な顔の下に案外恐ろしい顔を隠しているのかもしれない。

30 『ブレーメンの音楽隊』の動物たちは、なぜブレーメンに行かなかったのか？

歳をとり、役に立たなくなったからといって、人間に捨てられたかわいそうな動物たち。残された余生をせめて、歌いながら楽しくすごそうと、ブレーメンの街をめざして出発する。だが、彼らはその初志を貫徹したのだろうか。

ロバを筆頭に、イヌ、ネコ、メンドリの四匹は、森で盗人宿に行き着く。そこで、知恵を働かせ、泥棒を追い払う。そして、泥棒が盗み集めた金貨を横取りし、家をのっとり、そこで暮らしはじめる——。

さあ、長いあいだの過酷な労働と、旅での疲れをここで癒して、しばらくしたらブレーメンへと旅立つのね……。とページを繰っても、物語はそこで、唐突《か》に終わっている。動物たちは、そこをロングバケーションの保養地ではなく終《つい》の住み処と決めこんだのだ。

この物語は、相手が泥棒だったから、見すごされてはいるが、泥棒の盗んだものだろうと、それを盗めばやっぱり盗んだほうも泥棒なのだ。

グリムでは『青ひげ』や『ヘンゼルとグレーテル』など、最後にお宝を手に入れる、という話は多いが、この話はまたちょっと異色。なぜなら、この四匹は、自分たちに害を加えた直接の相手から、受け取っているわけではないからだ。他の話はよく解釈すれば、まあ「慰謝料」であり、「ご褒美《ほうび》」でもあるのだが、これは相手が犯罪者ではあるが、彼らに害をなしてはいない。

グリムから離れるが、イギリスの民話に『ジャックと豆の木』という話がある。これは、ジャックという役立たずの少年が、庭に生えた豆のつるを伝って、人食い鬼の屋敷から、金を生み出すさまざまなお宝をかっぱらってくる。そして、最後には気づいて追いかけてきた鬼を、豆のつるを切って、殺してしまうという結末だ。

これも、相手が人食い鬼とはいえ、ジャックのしていることは、犯罪だ。イギリスでもこの話題は多少取りざたされたことがあった。今では、実はこの人食い鬼は、かつてジャックの父親を殺し、宝を奪ったやつで、ジャックはその仇をうち、父の宝を取り返したのだという説明が、申し訳なさそうについている。

四匹の世捨て動物たちの志は立派だったが、結局は花よりダンゴ。金が手に入れば、音楽など必要としない。彼らは、ブレーメンまで行かなかったし、音楽隊にもなりはしなかったのだ。

31 『オオカミと七匹の子ヤギ』に現われた当時の民衆の残酷趣味とは？

TVドラマの最後に、「このドラマは実話をもとにしたフィクションです」などというテロップが出ることがままあるが、いかにもメルヘン調のこの『オオカミと七匹の子ヤギ』も、実はこの類の話だ。

登場人物をそのまま当時の民衆に当てはめてみると、メルヘンとは呼べない物語が浮かび上がってくる。

昔、ある村に、幼い七人の子供がいる母親がいた。ある日、母親は、仕事で街まで出かけなければならなくなったので、子供たちを集めて、こういった。

「お母さんの留守に誰も入れてはいけないよ。特にあそこの家のおじさんは、妙なうわさを聞いているから、十分に気をつけてね」

母親が出てくるのを窓から見ていたその男は、母親の姿が見えなくなるとこの家にやってきた。最初はドア越しに慎重に応対していた子供たちも、大人の知恵にはかなわない。

やがて、だまされてドアを開けてしまった。

飛びこんできたのは、酒に酔い、目を赤く血走らせた男。子供たちは、驚いて部屋じゅうに散らばり、隠れたが、つぎつぎと男につかまった。男はつかまえたそばから、男の子には殴る蹴る、女の子には服をはがして暴行を加えた末、全員殺してしまった。

さて、末息子は、古い大きな時計に隠れて、このようすをふるえながら一部始終見ていた。男は酔っ払っていたせいか、古時計の戸を閉めてしまうと、まったく気づかず、子供たちの死体を裏の川に投げ捨ててしまうと、去っていった。

街で用をすませた母親は、急いで家に帰った。しかし、ドアは開いたまま、部屋のなかは血が飛び散り、惨状をきわめている。その場にくずおれた母親のところに、末息子が走り寄った。末息子から事件を聞いた母親は、裁判所に駆けこんだ。

以前からよくないうわさのあった男は、この罪によりとらえられ、広場で処刑されることになった。処刑前夜、広場では明日の処刑をなるべく近くで見ようと、早くから人々が場所とりに押し寄せた。処刑法は、男の腹を切り裂き、石を詰めこむというもの。いよいよ処刑が始まると、人々は興奮し、罵声を浴びせるだけではおさまらず、腹を裂かれつつある男に向かって、つぎつぎと石を投げつけた。飛んでくる石を避けるため、処刑執行人の手元が狂うと、さらに群衆は殺気だった。

やがて、ひととおり処刑がすむと、今や興奮もピークに達した民衆が走り寄り、男の死体をひきずって、街を練り歩きはじめた。老いも若きも、目をらんらんとさせ、恍惚の表情を浮かべていた。そして、ある者は歌い、ある者は踊りながら、狂ったようにいつまでも街を闊歩するのだった——。

これはあくまでもフィクションだが、実際に、これに似た光景は中世ヨーロッパの各地で繰り広げられていたのだ。そしてこういった犯罪や処刑も横行していたが、それに対する群衆の反応も、現代の感覚では普通ではない。

腹に詰められた石の重さで、川でオオカミがおぼれ死ぬと、お母さんヤギと子ヤギたちは、「オオカミが死んだ！　オオカミが死んだ！」と叫びながら、うれしさのあまり踊りつづけた、という物語そのままである。

当時、処刑を見るのは、庶民の大きな楽しみであった。「四つ裂きの刑」で執行人が刑に手間取ったりすると、群衆がなだれこんで、死刑囚の手足に結ばれた縄をひっぱった。手足がちぎれれば、黒い一団となって、死刑囚の手足がぼろぼろで形をなくすまで、街じゅう引きずり回したそうだ。

グリム童話で残酷なシーンがOKだったのも、日常でこうした残虐さを楽しむ風潮があったからこそだろう。

32

『マレーン姫』珍しく行動的なお姫様に秘められた謎

一九七〇年ごろから、イギリスやアメリカのフェミニストたちがグリム童話に対して、非難を唱えるようになった。

「受け身で幸せをつかむ女の子ばかりが登場するグリム童話は、幼い女の子に、女性は受け身であるべきという考えを植えつけてしまうのではないか」というわけだ。

確かにグリム童話の主人公たちは、運命に流されるままにすごしているうちに、白馬に乗っているかどうかはともかく、王子様が現われるパターンが目につく。

なかでも『白雪姫』や『いばら姫』などは、ただ眠っていただけだから「究極の受け身」で幸せをつかんだわけだ。これはフェミニストから見れば、まさに「ふざけるな」の世界だろう。

特にフェミニストでもない者の目から見ても、「何でここで黙ってるのかな」などと、じれったくなるシーンは数多い。

これは、ひとつにはグリム兄弟の好み。もちろん、その背景には時代の風潮というものもあったのだろうが、とにかく「女は黙っていることが美徳」のように考えていたフシが見られる。おなじ話でも、改訂を重ねていくごとに、女性の言葉がどんどん削られて、何やらおとなしい活気のない女性へと変貌していったようだ。

ところが、こんななかで唯一、女性の地位向上のキャンペーン・ガールに選ばれそうな、イキのいい女性が存在するのだ。その名もマレーン姫。強国の王様の娘、れっきとしたお姫様だ。

貴族の結婚は家どうしのものということが常識の中世ヨーロッパにあって、珍しく愛を貫こうとした姫である。相手は他国の王子ではあったが、王様から見れば役不足。「他の男じゃヤダ」と言い張って王様の逆鱗にふれ、陽のささない真っ暗な塔に閉じこめられてしまう。「七年のあいだ、そこで頭を冷やせ」というわけだ。

しかし、七年たっても、なかから出してもらえる気配さえない。そこで、姫はパン切りナイフを手に、自ら塔を打ち破り、脱出する。

そこで姫が見た風景は、戦争で荒れ果てたかつての王国の悲惨な姿があるのみ。姫は仕方なく各地をさまよい歩いて、ある国の城の台所の下女として働くことになる。ところがここは、愛しい王子の国。

王子は近く、父王の選んだひどく不細工な姫と結婚させられることになっていた。この花嫁は、不細工だという自覚があるため、この国にきてから部屋に閉じこもったきり。教会までの道のりで、庶民に顔のことで笑われるのではと気に病んでいたので、この美しい下女に花嫁の代役を任せた。

マレーン姫は教会までの道すがら、あとで自分が本物のマレーンだとわかるように、ときおり言葉をつぶやきながら歩く。教会から戻っても、王子にもらった金細工の首飾りを不細工姫には渡さない。そして、危うく殺されそうになれば、姫らしからぬ金切り声をあげて助けを求めている。さらに、王子様とふたりきりになったときを逃さず、自分が本当のマレーンだと打ち明けている――。

こうして積極的に行動し、幸せをつかんだのがマレーン姫なのだ。

第六版で初めて収録されたこの物語には、グリム童話のなかでは女性の積極性が異色な雰囲気をかもし出しているが、実はこれはもとをただせば、デンマークの話。デンマークを含む北欧となると、西欧とは異なり、自主性と行動力を持った女性がたくさん出てくる。

しかし、この話がもう少し早い版から収録されていたら、改定の過程で、あちらが削られ、こちらが直され、やはり覇気のないお姫様になっていたかもしれない。

33

『金の鍵』鉄の箱のなかには何が入っているのでしょう？

『金の鍵』は初版から第七版までを通じて、一貫してグリム童話集の最後に収録されている話である。

ある雪が深く積もった冬の日、ひとりの貧しい少年が雪のなかから、金の鍵を発見する。鍵があるなら錠前もあるにちがいないと思い、さらに地面を掘っていくと、今度はさびついた鉄の小箱が現われる。このなかにはきっと高価ですばらしいものが入っているぞ。そう思った少年は鍵穴を探すと、小さな穴があった。そこに鍵を差しこむとぴったり合う。そこで少年は鍵をぐるりと回してみた——。

このお話の最後はこう締めくくられている。

「さて、わたしたちはこの少年が鍵を開けるまで待たなくてはなりません。そしたら、箱のなかに何が入っているか、わかるでしょうよ」

グリム兄弟は巻末においたこの童話に、どのような意味を込めていたのだろうか。

箱のなかには、まだ見ぬ未来、夢、希望、可能性が詰まっているのか。それとも、大人になっていくうちに忘れられてしまった純真無垢な心なのか。「誰もが心の箱のなかに、ひとつやふたつ童話をもっているものですよ」というメッセージなのか。または、グリム童話がゲルマン民族の精神的な遺産であることをいいたかったのか。

読者のみなさんは、この箱のなかに何が入っていると思いますか？

第Ⅴ章

エスカレートする残虐性は グリム童話の、もうひとつの神髄

34

『年とったおじいさんと孫』 どこの国でも老人はじゃまものにされる!?

グリム童話では子供がやたら虐待されているが、老人が虐待されている話もある。

ある家に、すっかりもうろくしたおじいさんがいた。息子の妻は老人を嫌い、いつも食事のときはかまどの後ろに追いやっていた。あるとき老人は手が震えて、素焼きの粗末な食事皿を割ってしまった。嫁は老人を叱りとばし、今度は安い小さな木の皿を買ってきた。

みんなが食事をしているとき、幼い孫が床の上に落ちている小さな板きれを集めはじめた。父親が、何をしているのかと聞くと、その子はこう答えた。

「餌桶を作っているんだ。ぼくが大きくなったら、お父さんとお母さんにこの桶で食べさせてあげるよ」

これを聞いた息子と妻は、老人もテーブルに呼んで食事をするようになった——。

日本にも姥捨て山の話があるように、いつの時代でも、そしてどこの国でも、老人というのはじゃまもの扱いされる存在だったようだ。

35 『がちょう番の娘』偽姫様の残虐刑を決めたのは誰？

「墓穴を掘る」という言葉があるが、グリム童話のなかでも、自分で自分の処刑法を選んでしまったお姫様がいる。といっても、姫になりすました腹黒い侍女なのだが、この偽姫は、よりによって「いちばん残酷な処刑法」を選んでしまったのだ。

ある国の姫が隣国の王子のもとに嫁ぐことになり、ひとりの侍女と、人間の言葉を話す一頭の賢い馬をつれて、隣国をめざす。ところが、姫は母親にもらったお守りの血が三滴ついたハンカチを、小川で落としてしまう。高貴な血統の証をなくした姫には、もう侍女に対する支配力は残っていない。ずる賢い侍女はこの機を逃さず、姫にとってかわり、自分が姫になりすまして、王子と結婚してしまう。

一方、侍女に身をやつした姫は、がちょう番として働くことになる。偽姫は王子にせがんで、事実をばらさぬよう、賢い馬を殺させてしまう。

城門にかけられたこの馬の首は、死してなお、本物の姫を見かけるたびに口をきく。

「姫様、ああ姫様！

そのお姿を母国のお母親が見たらどんなに嘆くことか！」

姫とともにがちょう番をしていた王様の末息子は、馬が娘を姫と呼ぶのを聞いて、不審に思い、王様にこの出来事を告げる。

王様は、がちょう番の娘を呼び出し、真実を語るように迫る。そして、誓いを立ててしまったから話すことはできない、とあくまで拒む娘に、ストーブに向かって独り言をいえばよい、と提案する。こうして娘の告白で真実を知った老練な王様は、王子にも内緒でひとり考えを巡らす。

いつもと変わらぬ晩餐の席。やさしい笑みを浮かべた王様は、偽姫に向かって、そ知らぬ顔で問いかける。

「姫よ。自分の主人をだました女にふさわしい罰は何か」

すると、偽姫は、きっぱりといいきる。

「そんな性悪には、服を剝いで、とがった釘のたくさん突き出た樽のなかに放りこんで、二頭の馬に引かせて、死ぬまで街じゅうを引き回すのが、ふさわしいわ」――。

翌日、王様の立派な二頭の馬が、木の樽を引いて、街に現われた。そして蹄鉄の音を高らかに響かせて、いつまでも闊歩しつづけた。

36

『ルンペルシュティルツヒェン』悪い小人への残酷シーンはなぜ追加されたのか？

グリム童話は、初版が一番残酷かというと、そうとはいえない。たとえば、有名な『灰かぶり』において、継姉さんたちが目玉を鳥にえぐり出されてしまうという結末。あれは、第二版からつけ加えられたものだ。

版を重ねるたびに残虐なシーンがエスカレートしていく話は、ほかにもいくつかある。ヴィルヘルムは、悪人にはその報いを、とばかりに酷い罰を増やしていったようだ。そんなお話のひとつに、『ルンペルシュティルツヒェン』という物語がある。

――ひとりの粉屋が王様に「うちの娘は藁《わら》を金に変えられる」とついいってしまう。王はそれならばと、藁がつまった部屋に粉ひきの娘を閉じこめる。そんなことができるはずもなく娘が泣いていると、突然、小人が現われ、首飾りとひきかえに藁を金に変えてくれる。その後も娘は、子供が産まれたら小人にやることを条件に小人に助けてもらう。

藁を金に変えることができたので、王は娘を妃に迎える。まもなく妃は産気づく。そこへやってきた小人に、妃が許しを求めると、小人は三日以内に自分の名前を当てられたら許すという。妃は何も思いつかないまま一日め、二日めがすぎる。だが三日めに、狩りから戻った王が、小人の名前を教えてくれる。妃は喜び、やってきた小人にその名を告げる。

「ルンペルシュティルツヒェンでしょ」

名前を当てられた小人は「悪魔の野郎が教えやがったな！」と叫び、怒り狂って走り去り、二度とやってこなくなる――。

以上が、『ルンペルシュティルツヒェン』の初版のあらすじだ。読んでいて残酷さは何ひとつ感じられないが、第二版になると最後の部分が、こう変わる。

「悪魔が教えやがったな、悪魔が教えやがったな」と小人は叫び、かっとなって右足で地面を強く踏んだので、腰まで土のなかに埋まってしまいました。そこで今度は癇癪《かんしゃく》を起こし、左足を両手でつかんで、自分の体をまっぷたつに引き裂いてしまいました――。

初版のままでも、この話の内容はそう変わらないと思うのだが……。小人にわざわざ自分の体を引き裂かせるシーンをつけ加えることに、何の意味があったのか疑ってしまう。

ところで、グリム童話が物語に残酷さをプラスしていったのは、ヴィルヘルムの嗜好であると勘違いしてはいけない。グリム童話が出版された時代に、その残酷さを許容するだけの背景があった、ということなのだ。

37

『どろぼうのお婿さん』再版から残虐性を増すミステリーホラー

体がバラバラに切り刻まれる残酷話は、グリム童話にたくさんあるが、そのなかでも現実味があるのが『どろぼうのお婿さん』だ。初版に収録された話を紹介しよう。

ある姫様が、ある王子と結婚の約束をする。王子の城は大きな森を通らなければならない。姫はびくびくしながら森を抜け王子の城を訪ねると、王子は留守で、かわりにひとりのおばあさんが玄関に座っていた。

「やつらはおまえさんを殺して、料理して食おうってこんたんさ」

姫が逃げ出す間もなく、王子と泥棒たちが女の人を連れて帰ってくる。幸いなことに、おばあさんは姫に同情し、地下室の大きな樽の後ろに隠れるよう教えてくれる。

どろぼうたちは地下室に女をひっぱりこみ、殺してしまうと、身につけている指輪や宝石をとりはずしはじめた。女はなんと姫のおばあさんだった。姫はそのようすを樽の後ろからはっきりと見ることができるのだ。

どろぼうのひとりが、女の薬指にはまった指輪をはずすために、死体の指を斧でたたき切った。指は高くはねて、樽の後ろに隠れている姫の膝の上にポトリ。

「キャアアア〜！」なんて悲鳴が、童話でなければ聞こえてきそうな、スリリングな場面である。その後、姫はどうにか脱出し、自分の城にたどり着く。

するとと王子がやってきて、どうして自分を訪ねてこなかったのか聞くと、姫は「こんな夢を見た」といって、地下室での出来事を王子に語りはじめる。そして、女の薬指が切り落とされたところまで語ると、

「これが、その指です！」

というが早いか、ポケットからその指を取り出し、王子に突きつけるのだ。

最後は、王子はどろぼうたちとともに捕らえられ、全員死刑に処される。まるで現代のミステリー小説やホラー映画のような展開である。

このお話は、第二版以降は、ふたつの話と合成され、さらに恐ろしい話になっている。姫は粉屋の娘、王子はその婚約者と、主人公もぐっと身近になり、殺される女も若い娘に変わる。酔っ払った強盗たちは、泣きわめく娘にむりやり酒を飲ませ、娘の心臓を破裂させる。そして、娘の服を引きはがし……。

近頃、こんな事件を、けっこう耳にしませんか？

38

『ねずの木の話』継母に首を落とされ食べられた子供の復讐譚

この話は知らない人も多いと思うので、初めにあらましを追ってみよう。

小さな少年が実父と継母、それから継母の実の娘である妹と暮らしている。継母は、この少年が憎くて仕方がない。ある日、りんごの木箱に頭をつっこんでいる息子の上から木箱をばたんと閉めると、息子の小さな頭が胴から離れてごろりと落ちる。慌てた母親は人のせいにしてしまおうと、離れた胴と首を白い布で巻いてつなげ、テーブルに座らせる。そんなこととはつゆ知らぬ妹は、話しかけても答えない兄に怒って、頭をひとつなぐる。すると兄の頭がごろりと落ちる。妹は自分が兄を殺してしまったと思って泣く。母親は、娘を慰めるふりをしながら、安堵の息をもらし、息子の肉でシチューを作る。

帰宅した父親は、息子の姿が見えないのを不審に思いながらも、「親戚の家にしばらく遊びに行った」という妻の言葉にだまされ、シチューのうまさに舌鼓をうつ。

胸を痛めた妹は、兄の骨を拾い集め、庭のねずの木の下に埋める。

やがて、兄は美しい鳥に生まれ変わり、きれいな声で鳴いて、金の鎖と赤い靴と重い石うすとを手に入れる。そして家に戻ると、鳥の姿の美しい声で、まず父親を誘い出し、金の鎖を、次に妹には赤い靴を落としてやる。しかし、最後に出てきた継母の上には、石うすを落とし、潰してしまう。すると、その瞬間、鳥であった兄の姿は、元の人間の姿にパッと戻る——。

そうとは知らずに、身内の肉を食べてしまう——。これは日本にも似た設定の話があるが、ご存知だろうか。『かちかち山』である。タヌキに騙されたおじいさんが、おばあさんの肉で作った「婆汁」を食べてしまうのだ。

『ねずの木の話』や『かちかち山』の人肉食は、『白雪姫』のお妃とはまた別だ。食べた本人は、意図せずに食べさせられたのだから。

戦争中の中国では、こういう事件があったそうだ。食料事情が悪化して、店から食品が姿を消していくなかで、いつも干し肉を売っている店があった。実は、幼い子供をかどわかして、殺し、その肉を売っていたというのだ。

山や海で遭難して、あるいは戦争中、極限の状態に追い詰められて、生きるために自らの意志で食べたというのとも、また違う。食べてしまった者にしてみれば、あとで知ったときのショックは大きいだろう。吐き気を催すような、迷惑な話だ。

39 意味もなく残酷なリンチで死ぬ『コルベスさま』の不条理

グリム童話のなかには、残酷なだけで、いったい何がいいたいのかわからない話がたくさんある。意味不明な結末は、かえってグリム童話を謎めいたものにしている。

そんな不条理物語のなかでも、面白いのが「コルベスさま」だ。

昔、めんどりとおんどりが車で旅に出た。途中、一匹のネコが現われて「どこへ行くの？」と聞いた。「コルベスさまの家へ」とおんどりは答え、いっしょに行きたいというネコを車にのせる。その後、石うす、卵、鴨、留め針、縫い針がつぎつぎにやってきて車にのり、みんなでコルベスさまの家に向かうことになった。ところが、ついてみるとコルベスさまは留守。そこで、めんどりとおんどりは梁の上に、ネコは暖炉のなかに、留め針はイスのクッションのなかに、それぞれ隠れて、コルベスさまが帰ってくるのを待った。

さて、コルベスさまは家に戻ると、まず暖炉に火をおこそうとした。すると、ネコが灰をあびせた。コルベスさまが顔を洗おうとすると、水桶に隠れていた鴨が水をひっかけた。

コルベスさまが手ぬぐいで顔をふこうとすると、卵が割れて目にはりついた。コルベスさまが気を落ち着けようとイスに座ると、留め針が刺し、不機嫌になって寝ようとすると、今度は枕に隠れていた縫い針が刺した。怒ったコルベスさまが家の外に飛び出そうとすると、戸口のところで石うすが落ちてきてコルベスさまは、死んでしまった――。

そもそも、一行は、何をしにコルベスさまの家に行ったのだろうか？　動物だけではなく、石うすや針が出てきて、よってたかってひとりをやっつけるところは、日本の『猿蟹合戦』にとてもよく似ている。だが、『猿蟹合戦』には、悪いサルをこらしめるという大義名分があった。いっぽう『コルベスさま』にはその理由は何も書かれていない。

そして、殺されたコルベスさまとは、いったい何者なのか？

ある学者によれば、コルベスさまは実はおんどりで、めんどりはおんどりの妻、その他の登場物はすべて女性的な特性を表わしているという。つまり『コルベスさま』は、「女性的暴力による陰謀」の犠牲になった男性の話、もっと単純にいえば妻になぶり殺された夫の話なのだそうだが、はたして本当だろうか？

このお話、疑問がつきないが、ヴィルヘルムもやはり、コルベスさまに殺される理由がないのは不自然だと思ったのだろう。第三版以降は最後に、「コルベスさまは、よほど悪い人だったに違いありません」と、つけ加えられているのである。

40 『めんどりの死』『ハツカネズミと小鳥と焼きソーセージ』ひとり死に、ふたり死に、そして誰もいなくなった⁉

『めんどりの死』というお話を紹介しよう。

おんどりとめんどりが幸せに暮らしていた。ある日、めんどりがクルミを喉につまらせて、息ができず死にそうになる。おんどりが急いで泉に水をくみにいくと、泉は「花嫁の赤い布をもらっておいで」と答える。おんどりが急いで花嫁のところへ行くと、花嫁は「柳にひっかかっている花の冠を持ってきて」という。そこでおんどりは柳の枝から冠を取ってくると、花嫁から赤い布をもらい、それを持って泉に行き、やっと水を手に入れる。

でも、めんどりはすでに死んでいた。悲しみにくれたおんどりは、ねずみが引く荷車で、めんどりを埋めようと墓に向かう。途中で森じゅうの動物が荷車に乗りこんでくる。一行が小川の前に来ると、藁が橋になろうと申し出て、ねずみたちがその上を渡る。だが、藁は折れ曲がって小川に落ち、ねずみたちは溺れ死ぬ。つぎに炭が橋になるが、水に触り、火が消えて死んでしまう。最後に石が橋になると、おんどりは荷車を引いて向こう岸に渡れたが、荷車が重くて逆戻りしてしまい、ほかの動物たちは全員落ちて溺れ死ぬ。

そうして、おんどりは、めんどりの死体とふたりきりになってしまい、めんどりを墓に埋めて泣き暮れているうちに死んでしまう。

「これで、みんな死んでしまいました」で、この話はオシマイである。

これと似た話が、グリム童話にはもうひとつある。

『子ねずみと小鳥と焼きソーセージ』は、仲良く暮らす子ねずみと小鳥と焼きソーセージが、互いの仕事を交換したせいで、これまた三人とも死んでしまう。

子供に聞かせる童話にしては、ずいぶん悲惨な話じゃないか、と思うかもしれない。だが、これと似た話は、グリム童話に限らず世界じゅうにあって、日本にも『屁ひとつで村全滅』という、花嫁が屁をしたために村全員が身を投げて死ぬ昔話が伝わっている。

また、思い出してもらいたい。幼いころ、ひな祭りの歌を替え歌にして、♪きょうは楽しいひなまつり～の部分を、♪きょうは悲しいお葬式～と歌った経験はないだろうか？　その替え歌では、お内裏さまもおひな様も五人冠者もみんな死んじゃっているはずだ。

こんなことからも、子供たちはこの手のブラックユーモアが、実は大好きなのだということがわかる。もちろん、大人が読んでも面白い。まあ、残酷描写の多いグリム童話のなかでは、この二つのお話、最初からちっとも害があるようには思えないのだが。

41 『くすねた銅貨』少年の幽霊が出てくる怪談話

グリム童話のなかで、童話というより怪談と呼ぶほうがふさわしいお話を紹介しよう。

ある一家と客が、昼食をともにしていた。十二時になると、突然扉が開き、真っ白な服を着た青白い顔の子供が入ってきて、静かに隣の部屋に消え、やがて去っていった。それが二日、三日つづくので、客は不審に思い、一家の父親に尋ねたが、父親はそんな子は知らないという。家族にはその子が見えなかったのだ。翌日、客がその子のようすを盗み見ると、床板のあいだをほじっている。客が見たことを家族に話すと、母親がいった。

「まあ！　それは四週間前に死んだ、わたしのぼうやだわ」

床板をはがすと、二枚の銅貨が出てきた。貧しい人に恵むべきお金を、その子はラスクを買うために隠していたのだ。この銅貨を貧しい人にあげると、子供は成仏して、もう出てこなくなった——。

ところで、西洋の幽霊は真昼に出てくるものなのだろうか？

42 『歌う骨』兄に殺されたうらみは骨になっても忘れない？

三人兄弟が出てきたら、少しおつむの弱い末子が逆転勝利を得るのが、通常の童話のパターンなのだが、やはり末子が主人公ながら、ちょっと悲しい結末に終わる話もあるので、紹介してみよう。

一頭のいのししが国じゅうを荒らして困るので、王様が「いのししを退治した者には姫を妻にする」というおふれを出した。この国に住んでいた三人の兄弟が、さっそくいのしし退治に出かける。末っ子は森で出会った小人に、黒い槍を一本もらい、それで簡単にいのししをしとめることができた。いのししをかついで帰る途中、ふたりの兄に出会い、橋のところで殺され、埋められてしまう。長兄が、手柄を横取りし、姫と結婚してしまう。

それから数年後。その橋を通りかかった羊飼いが、小さな骨を見つけ、それで角笛を作る。すると笛は、兄が自分を殺し、手柄を横取りしたと歌いだす。驚いた羊飼いはこれを王に届ける。こうして、兄は水に投げこまれ、末っ子の骨は教会の墓地に埋葬される——。

結局、末っ子は復讐を果たしはしたものの、蘇ることなく、墓地に眠ることになる。

この他にも西欧では、殺された者たちが、骨から作られた楽器や、埋められていた場所に生える植物などに姿を変えて、自分を殺した相手の悪をあばく「復讐型」の童話が見られる。こういったものは、日本にも類話がある。『歌う骸骨』という民話だ。

出稼ぎに出たふたりの男のうち、ひとりはまじめに働き、もうひとりは博打《ばくち》におぼれる。三年後、故郷へ帰る道中、まじめな男は博打男に殺され、金を奪われてしまう。

数年後、再び出稼ぎのために、この峠を通りかかった博打男に、殺された男の骸骨が話しかける。「おれが歌うから、ふたりで大儲けしよう」と。博打男は、その甘言にのり、ある城下町でぼろ儲けする。その評判は殿様の耳にも入り、ふたりは城に招かれる。しかし、殿様の前に出ると、骸骨は骸骨然として、歌うどころか、微動だにしない。かんかんに怒った殿様は、博打男の首をはねてしまう。

日本の民話に登場する「歌う骸骨」には、二パターンある。ひとつは、ここで紹介したような、自分を殺した相手に復讐する「復讐型」。西欧で見られる話は、こちらがメイン。もうひとつは、野ざらしになっていた自分の骨をていねいに葬ってくれた相手に恩返しする「報恩型」だ。

しかし「復讐型」の話は、仇をうったところで、なんだかやりきれないものが残る。

第VI章

グリム童話に描かれた激しい兄弟愛と極端な思想

43 グリム兄弟六人の強い愛はどのように育まれたのか？

グリム童話集は全二百編のメルヘンと十編の子供向けの聖者伝からなっている。聖者伝を除いた二百編の童話は、多種多様な登場人物がいるが、兄弟を取り上げた作品も少なくない。

ざっとタイトルを挙げただけでも『兄と妹』『ふたりの兄弟』『十二人の兄弟』『三人の兄弟』『腕きき四人兄弟』などの他に、グリム兄弟妹たちの強い絆をうかがわせる作品が多い。終生ひとつ屋根の下で暮らした、ヤーコプとヴィルヘルムの兄弟愛は有名だが、二人が弟や妹に示した愛情も並みの兄弟を上回るものがあった。さらに弟や妹たちもヤーコプとヴィルヘルムに深い信頼を寄せて、なにかにつけて二人の兄を頼りにしていた。

こうした実生活の影響が童話のなかに現われたのが、兄弟を主人公にした作品群である。ヤーコプとヴィルヘルムは、実生活のなかでも自分たちを好んでグリム兄弟と名乗っていたという。たとえば、『青ひげ』では、嫁いだ妹を助けるのは三人の兄たちだ。妹が窓から必死で助けを呼ぶと、その声は聞こえずとも、森のなかにいた兄たちには以心伝心で伝わるのだ。彼らは疾風のように城へ駆けつける。そして青ひげを殺したあと、兄弟で城に住み、幸せに暮らす。一般的に考えれば、「それぞれが家庭をもち、幸せになりました」となるはずだが、この物語は、兄妹が幸せになることがハッピーエンドなのだ。

こうした兄弟愛が色濃く作品に投影された裏には、実生活での厳しい状況が隠されていた。兄弟の父、フィリップ・ヴィルヘルム・グリムは一七九六年に四十五歳の若さで病死。このとき長男のヤーコプが十一歳、ヴィルヘルム十歳、カール九歳、フェルディナント八歳、ルートヴィヒ六歳、シャルロッテ三歳だった。さらに父の死の十二年後母・ドロテーアを失う。若くして両親を失った兄弟は、お互いに助けあって生きていくより道はなかった。特に大学に進学していたヤーコプとヴィルヘルムは、両親を失った時点で、弟や妹の保護者の役目を背負わなければならなかった。ふたりにとって、特に終生独身で通したヤーコプには、弟や妹たちは自分の子供のような存在だったに違いない。以下、兄妹の愛と絆が色濃い作品を紹介しよう。

グリム童話集再版のとびら
〈L.グリム絵〉

44 『十二人の兄弟』兄たちのために死を賭けた妹の愛

『青ひげ』とおなじで、シス・コンのグリム兄弟には、さぞかしこたえられなかったろうと思われる話が、グリム童話のなかに納められている。まず、あらすじを紹介しよう。

十二人の息子がいる王様とお妃様に、女の子が生まれる。王様は、生まれてくる子が女の子だったら、十二人の王子を殺すつもりだった。子供たちを愛するお妃は、息子たちをこっそり山へ逃がす。生まれた女の子はすくすく育つが、ある日、自分に兄さんたちがいたことを知り山に探しに出かける。兄たちと妹は再会を喜び、一緒に暮らすようになる。

そんなある日、妹は山で美しい十二本の白ゆりを見つけ、手折ってしまったために、兄たちは呪いにかかり、カラスの姿になって飛んでいってしまう。嘆き悲しむ妹にひとりの老婆が、その呪いを解く方法を教えてくれる。それはまるまる十二年間だまっていること。

妹は、この約束を守る誓いを立て、森のなかで生活していたが、ある日、狩りにやってきた王様にみそめられ、その妻となる。口を聞かぬ姫と王様は、それでも仲良く暮らしていたが、王様の母親が姫を悪くいいだし、申し開きのできない姫は、死刑を宣告されてしまう。死刑が始まり、姫の服に火あぶりの火が燃え移った瞬間、十二年の時がすぎ、十二羽のカラスが飛んでくる。カラスは地面に降り立つと、美しい王子に姿を変え、妹を火のなかから救い出す。口をきけるようになった姫は、これまでのいきさつを残らず王様に話し、王様の母親を死刑にして、みな幸せになった……。

グリム童話のなかには、ほかにもこれとそっくりな話がある。初版では『三羽のカラス』、第二版以降は『七羽のカラス』と改定されたが、類話は削ったり、まとめたりして話を淘汰しているグリム童話のなかで、ここまで似た話を残しているのは珍しい。せつないまでに遠く離れた妹を恋い慕うグリム兄弟の願望が表われているのではないだろうか。

ところで、これはグリムの故郷であるヘッセン地方の「末子相続性」に関係しているのではないか、という意見も出ている。当時ヘッセンでは若い男性のほとんどが徴兵で軍隊にとられ、その息子たちは兵隊になることで生活の糧を得ることができたから、父親は娘に財産を継がせたがった。娘に継がせておけば、のちのち、自分の権限をまだふるえると考えたからだ。しかし、財産相続権を得た娘たちにしてみれば、こんな制度はむしろありがた迷惑。男性が徴兵されてほとんど残っておらず、結婚もままならぬような場所にとどまりたくない、というのがホンネだったのかもしれない。

45

『兄と妹』グリム兄弟が愛した〝兄につくす妹〟の物語

グリム兄弟は、一度崩壊してしまった家族が、互いの愛情によって再構築されるという話が大好きだったようだ。兄弟はそういう話を好んで集め、収録し、自分たちの望むように書き加えていった。

それを表わしているのが、『兄と妹』『十二人の兄弟』『七羽のカラス』といった作品。彼らは、父と母を亡くし、兄弟妹六人肩を寄せ合って生きてきた自分たちの姿を投影していたのかもしれないし、家族とはかくあるべき、というメッセージを伝えようとしていたのかもしれない。

『兄と妹』は、ブレンターノに送った草稿の時点では『ペンタメローネ（五日物語）』から翻訳した話だった。

しかし、一八一二年の初版本では、ふたりは口承で伝わるさまざまな類話を集め、うまくまとめながら、さらに新たな要素を書き加えて掲載している。ふたりは、この話によほど思い入れがあったに違いない。

『兄と妹』の大筋は、こうだ。

継母から虐待されていたふたりの兄妹が、家を出て森をさまよっていた。兄は喉が渇いたので、妹を連れて泉を探しに出かける。ところが、泉の水を飲んだ兄は、のろ鹿になってしまう。実は継母は魔女で、ふたりのあとをこっそりつけて、泉に魔法をかけていたのだ。妹は泣いて悲しんだが、やがて、のろ鹿の兄の世話をしながら、森で仲良く平和に暮らしはじめる。

長い月日がたって、あるとき森を通りかかった王様が、妹があまりにも美しいので、のろ鹿とともに城に連れて帰る。やがて妹はお妃となって子供を生み、のろ鹿も交えて幸せな結婚生活をおくる。

そのことを聞いた魔女が自分の醜い娘をひきつれて、妃を騙し殺してしまうのだが、死んでも我が子と鹿の世話しにやってくる妃の健気さが魔法に打ち勝ち、妃は生き返り、兄はもとの姿に戻るのだった――。

グリム兄弟がこのお話で強調し脚色した点は、以下のとおり。継母のいじめ、森のなかでの兄妹の静かで快適な暮らし、妹の幸せを憎む継母とその娘の悪だくみ、殺されても我が子と兄の安否を気遣う妹の献身ぶり、そして、兄の姿が元に戻りみんな幸せに暮らす結

末、である。

妃の、妹として、母としての献身的な行動は、彼らが理想的な家族像を描き出すのに欠かせない要素だったのだろう。ちなみにここでも、魔女は火あぶりの刑、その娘は森に置き去りにされ、けものたちに食われる、と悪者には残酷な罰が下されている。グリム兄弟は、罪を犯した者については、どうも徹底的に懲らしめないと気がすまないらしい。

ところで、継母に殺された妃は、幽霊になって毎晩姿を現わし、子供に乳を飲ませ、のろ鹿の背中をなぜて帰る。このような話、どこかで聞いたことはないだろうか？　そう、日本の『子育て幽霊』が、この部分ととてもよく似ている。やはり、子を思う母に国境はないということだろうか……。

46

『鉄のハンス』ナチズムに通じる危険なお話⁉

『鉄のハンス』は、若き王子が馬に乗って戦場で活躍する、グリム童話のなかで最も中世の香り漂うお話だ。

初版にはなく、改訂の後半になって収録されたお話で、日本でも子供向けのグリム童話傑作集のなかで、よく見かけられる。グリム童話といえば、『白雪姫』や『シンデレラ』、『ヘンゼルとグレーテル』しか思い浮かばない読者にとっては、あまりにも劇的なストーリーで意外に思うかもしれない。長いストーリーを端折って紹介しよう。

ある国の森のなかで、人が消えていなくなるという事件が起きる。犯人は、沼の底に身を潜めていた、鉄がさびたような赤銅色の体をした山男。この山男が捕らえられていた鉄のおりを、この国の幼い王子が開けてしまう。山男は王子を連れ去り、ふたりは森で暮らしはじめる。

ある日、王子は山男のいいつけを破り、外の世界へ追い出される。王子が森を去る前、山男は「何かあったら森にきて〝鉄のハンス！〟と叫ぶがいい。そしたら、わたしが助けてやる」という。この山男の正体、実は魔法にかけられてしまった偉大な王様だった。

王子はある国に流れ着き、そこで城の庭番見習いとして働くことになる。やがて王子は美しく成長し、城のお姫様に見初められるのだが、そのころちょうどその国に戦争が起きる。そこで王子は森へ行き、鉄のハンスに頼んで立派な馬と兵隊を用意してもらうと、身分を隠し軍隊をひきつれて戦場で大活躍。それを見た王様は、この騎士が誰なのか知りたくなり、城で宴会を催し、姫に金のリンゴを投げるように指図する。

そのウワサを聞いた王子は、鉄のハンスに頼んで立派な騎士に変身すると、姫のリンゴを受け取り、疾風のように去っていく。これが三回つづき、姫はこの騎士が庭番見習いなのではないかと気づきはじめる。やがて王子は三つのリンゴを手に王の前に姿を現わし、自分の本当の身分を明かすと、姫に結婚を申しこむのだった。

王子と姫の婚礼の日、突然音楽がやむと、大勢の家来を連れた立派な王が入ってきて、王子を抱きしめた。その王こそ、鉄のハンスだった。

「そなたのおかげで魔法が解けた。わたしの宝をすべておまえのものにするがいいぞ！」

王は王子にこういうのだった。

さて、このたいへん起伏に富んだ英雄伝『鉄のハンス』だが、ある学者によると、いたるところに「勇気」という美徳が盛りこまれているという。

国を救うために自ら志願し、鉄のハンスの庇護を受けながらも、果敢に戦場に飛びだし、見事な勝利を収めたこの王子が、勇気あふれる若者だということはたしかに誰でも認めるところ。グリムの童話のなかでも、戦場で活躍し、一国を守った主人公はそういない。

だが、この勇気という美徳は、ドイツ国家におけるミリタリズム礼賛につながるとも指摘されている。それは『鉄のハンス』が、戦いとは道義的精神の発露であるとか、戦いの本能は生まれついてのものである、ということを思想的に語っているからだという。

いやいや、そんなことをいわれても……と思ってしまうが、実際、ヒットラー青少年運動の指導者であったシーラッハが編集した、児童向けのナチス文学の書『若い民族』は、闘争を理想化、国や王の権力を賞賛、向こう見ずな勇気や神秘主義がとりたてられているなど、グリム童話のこういった一面を強調した童話集だったという。

グリム童話が政治的手段に使われていたとは、聞いてびっくりだが、そういえば日本だって『浦島太郎』を国民学校の教科書に使っていた事実がある。今の読者は、そんなうがった見方で『鉄のハンス』を読まずにすむぶん、きっと幸せにちがいない。

47 『いばらのなかのユダヤ人』童話に反映された恐ろしい人種差別

子供に読んで聞かせるのにふさわしい童話にしようと、改訂を重ねてきたグリム童話だが、日本人の私たちにしてみれば、ドッキリしてしまう話がある。

『いばらのなかのユダヤ人』は、作品の名前からもわかるように、ユダヤ人に対する人種差別がそのまま描かれている。

ひとりの男が、旅の途中で親切にしてやった小人から、狙ったものに必ず命中する吹き矢、演奏を聴けば誰でも踊りだしてしまうヴァイオリン、そして、自分が人に何か頼んだら誰も断ることができないようにする力を授けてもらう。

しばらくして男は、年とったユダヤ人に会う。そのユダヤ人は何もしていないのに、男が弾くヴァイオリンによって、いばらのなかで血まみれになるまで踊らされる。ユダヤ人がやめてくれと叫ぶが、男は「おまえはみんなをさんざんひどいめにあわせてきたんだから、このくらいしかたないいさ」と、また別の曲を弾きだす。

ユダヤ人はついに、「やめてくれたらお金をあげる」といいだす。ちょうどキリスト教徒からくすねた金が手元にあったからだ。男はそれならいいだろうと財布を取り上げ、ヴァイオリンを弾くのをやめる。

ところが、ユダヤ人いじめはまだ終わらない。

男にひどいめにあわされたユダヤ人は、裁判官にすべてを話し、訴える。そこで男は捕らえられ、首吊りの刑を言い渡される。だが、男が頼んで、この世のなごりにヴァイオリンを弾かせてもらうと、ユダヤ人も裁判官も首くくりの役人もみんな踊りだす。

みんなが「やめてくれ」と苦しい叫びをあげるのを見ながら、男は自分の命を助けてくれることと、ユダヤ人からもらった金を取り上げないよう、裁判官にしっかり約束させる。さらに、ユダヤ人に対し、「悪党、その金の出所を白状しろ。さもないと、弾くのをやめてやらないぞ」と脅し、最後にはユダヤ人を盗みを犯した悪人として、自分のかわりに死刑に追いこむのだ。

どう考えても、この男、ユダヤ人をただいじめているだけとしか思えない。ユダヤ人の金がキリスト教徒のものだったということを差し引いても、悪人は男のほうだろう。

ちなみに第三版以降、ユダヤ人がキリスト教徒から金をまきあげていたという記述は消されている。しかし、それは男の冷酷さをいっそう引き立たせているにすぎない。

このユダヤ人とキリスト教徒のくだりは、金を貸すとき金利をつけて儲けるユダヤ教徒と、金の貸し借りで儲けるのは罪だと考えるキリスト教徒の関係を示唆しているようだ。

非常に差別的で、ゲルマン民族の排外主義がそのまま出ているようにも感じるが、ある研究家は「グリム童話集が成立した時代、宗教的、政治的意味での〝反ユダヤ主義〟はまだなく、ただ現実生活におけるドイツ人の〝ユダヤ人嫌い〟をそのまま反映したにすぎない」と述べている。深刻な人種差別というよりも、ドイツ人が普段感じている日常的な感情だったようだ。

しかし、「この〝ユダヤ人嫌い〟が、その後の政治的目的に援用され、ナチズムの反ユダヤ主義に結晶していくこととなる」とも述べている。

これを聞くと、残酷な描写がどうのこうのよりも、もっとグリム童話が恐ろしく思えてくる。

48 『わがままな子供の話』死んでまで鞭でぶたれる子供の悲惨

グリム童話には、十八、九世紀にはびこっていた、幼児虐待の実態が反映されているといわれる。子供たちが親も含めて大人たちから冷酷な仕打ちを受けるという話は、『白雪姫』『ヘンゼルとグレーテル』『灰かぶり』など、知られた話以外にも実はかなり存在する。

とても短い『わがままな子供の話』というお話がある。

昔、わがままな子供がいて、母親のいうことをまったく聞かないので、神様はこの子を病気にして、死なせてしまう。子供の遺体は墓に入れられ、土がかけられるのだが、そのとき突然、土のなかから死んだはずの子供の腕が突き出てきた。

人びとは、その腕を力ずくで押しこめて土をまたかぶせたが、子供の腕は何度も土を突き起こし伸びてくる。それで、子供の母親が墓へ行き、鞭で子供の腕をぴしゃりと叩くと、腕はひっこみ、子供は土の下で安らかな眠りにつく。

ここでちょっと、想像してもらいたい。土のなかから伸びてくる、死んだはずの冷たくなった子供の腕を……。この光景はかなり不気味だ。なんだか怪奇小説のようにも感じられる。だが最後まで読むと、恐いというより、むしろユーモアを感じてしまう。母親に叩かれた腕が、まるで「ごめんなさい」といっているみたいで、笑いを誘うのだ。

さて、この話から見えてくるのは、幼児に対する体罰が日常的に行なわれていたということだ。母親が小さな子供に鞭をふるうのは、この時代ごく普通のことだったのである。でも、死んでまで体罰を受けるとは、なんだかこの子がかわいそうにも思える。

また、この話は第七版まで残っているあたり、親のいうことをきかない子には死を、というグリムの厳しい教育観の表われともいえよう。

この話、歴史的な社会背景を見るもよし、教訓を読み取るのもよし、ブラックユーモアとして楽しむもよしで、三通りの読み方ができるのである。

49

『親不孝な息子』親を大切にしない子はこんな目にあう!?

昔、ひとりの男が妻と鳥の丸焼きを食べようとしていた。すると、年老いた父親がやってくるのが見えたので、男はあわてて鳥を隠した。父親が帰ったあと、その鳥の丸焼きを食べようとすると、なんと鳥は大きなヒキガエルになって男の顔に貼りついた。

それからというもの、この親不孝な男は毎日ヒキガエルにエサをあげなければならなくなった。そうしないと、ヒキガエルが男の顔をちぎって食べてしまうからだ。

そんなわけで、男はいつもふらふらしているのである――。

グリム兄弟は自分たちの童話集を、子供に読んで聞かせる教育の書にしようとしていたふしがある。グリ童話のあちこちには、子供たちへの教訓がちりばめられている。

不思議なことに、グリム兄弟は改訂のなかで、残酷と思われる話をどんどん削除していったわりに、親のいうことを聞かなかった子供に罰が与えられる話は、どんなにその罰が残酷でも第七版まで残している。

先に紹介した『わがままな子供の話』とおなじく、この『親不孝な息子』というお話も、しっかり第七版まで残っている。

第Ⅶ章

グリム童話の舞台になった中世ヨーロッパ

50 グリム童話の初版が出版された時代とは？

グリム兄弟が生きていた時代、ドイツは小国家が併立した連合体だった。東フランク（ドイツ）では、十世紀の初めにカロリング王朝が絶えて、諸侯の選挙によって王が選ばれていた。当時、ザクセン家のオットー1世はローマ帝国の復興をめざして、東方から侵入してきたマジャール人を撃退し、北イタリアに出兵してローマ教皇を助け、教皇から神聖ローマ帝国皇帝の位を授けられる。

中央ヨーロッパに一大帝国が誕生したが、歴代皇帝は旧ローマ帝国の中心地であるイタリアに勢力を張ろうとしてドイツ本土をおろそかにしたため、国内の不統一をまねいた。このためドイツ本土は大小諸侯の連合体と化し、宗教上の紛争から一六一八年には三十年戦争が起きた。一六四八年にウェストファリア条約が結ばれて三十年戦争は終結したが、神聖ローマ帝国は分裂、長年の戦乱によってドイツ本土は大打撃を受け、社会的経済的に立ち遅れた。

三百以上の小さな国家が群立した状態は、グリム兄弟の時代までつづいた。オーストリアに次ぐ強国・プロイセンが誕生したが、国内での内戦は絶えなかった。一七八九年のフランス革命は、独裁者・ナポレオンを生み、一七九三年にはグリム兄弟の生地から遠くないマインツがフランス革命軍に占領される。

兄弟が二十歳の一八〇六年にはイエーナの決戦でプロイセン軍がナポレオン軍に破れてドイツの諸侯国は、ナポレオンの傘下に組み入れられ、ドイツ全土がナポレオンの軍隊に占領される屈辱的な事態となった。グリム兄弟が通っていた高等中学のあるヘッセン国の首都・カッセルも、イエーナの敗戦後、フランス軍に占領されて一八〇七年にはナポレオンの弟・ジェロームが国王となった。

だが、ドイツが敗戦の痛手に打ちのめされた一八〇六年はドイツ文学史上、二大名作と呼ばれる作品の生まれた記念すべき年でもある。ゲーテの『ファウスト』第一部が完成、グリム兄弟が童話を集めはじめたのだ。しかし、現実は厳しかった。大学を卒業したヤーコプは、ヘッセン陸軍省の官房見習いの職を得ていたが、カッセル地方がフランス軍に占領されてジェローム・ナポレオンが国王に就任すると、フランス語が公用語になる状況となった。ジェロームはナポレオンの命令でドイツ国民を搾取して苦しめた。

一八一二年十二月、ナポレオンはモスクワで敗退してパリに引きあげたが、事態は変わらなかった。プロイセンを主力とする連合軍はドイツの東部でナポレオンと戦い、一進一退をつづけていた。一八一三年十月、ナポレオンはライプチヒの戦いで連合軍に破れてドイツから撤退した。七年間にわたったフランスによる占領が終わったのだ。そして、この勝利はドイツ国民に民族的誇りを取り戻させた。

その証拠に、ヤーコプは童話集の初版の序文の日付けを一八一二年十月十八日として、さらに「ライプチヒの戦いのちょうど一年前」と書きこんでいる。ライプチヒの戦いは、ドイツ軍が連合諸国軍とともにナポレオンに決定的な勝利をおさめた戦いで、その一年前は、ドイツはまだナポレオンの支配下にあった。ヤーコプは、民族の伝承童話を発行するにあたって、この苦難の時期をあらためて強調したかったのだろう。

ドイツが敗戦のどん底にあるときから、復興をめざす十八世紀の後半から十九世紀の前半にかけての時代は、ドイツ文化の絶頂期だった文学ではゲーテ、シラー、哲学ではカント、フィヒテ、音楽ではモーツァルト、ベートーヴェン、ハイドンら後世に大きな影響を与えた巨匠を輩出した。

ドイツの知識人の多くは、この興隆期を迎えるまで「ドイツの文化は他の西欧諸国に比べて大幅に遅れている」という劣等感を抱いていた。さらにこれに拍車をかけたのが敗戦だった。心ある愛国者たちは「群小国家に分裂しているから、こんなみじめな状況に追い

ライプチヒの戦いの戦勝記念碑

こまれるのだ」と奮起した。文化面での興隆がこの時期に集中したのも、民族意識、愛国心の発露からともいえそうだ。

ヤーコプは初版刊行の三十数年後にあたる一八四九年十一月、ベルリン学士院の講演で民話や民謡について「われわれの学問、言語、文学に対する根強い感情こそドイツの悲劇と無力のどん底の時代に、国民を力づけ、民族を滅亡から救った」と語っている。

グリム以前の作品とグリム兄弟の童話集を比べても、両者は多くの共通点がある。しかし、グリム兄弟の作品が後世に圧倒的な人気を維持した理由は、古い文学や言語に豊かな学識をもった兄弟が、郷土と民族への深い愛をもって書き綴った情熱が読者の心を打ったのだろう。

51 グリム童話は残酷な拷問の宝庫だが事実は童話よりもっと残酷だった

「内側にたくさん釘の出た樽のなかに、裸に剥いて入れて、坂の上から転がし落とすのがよいでしょう」

「白雪姫を殺して肺と肝を持っておいで。塩ゆでにして食べるんだから」

グリム童話は、残酷な拷問の宝庫。その刑罰の奇抜さ、残酷さには、震撼するよりも、むしろあまりにも突飛すぎて現実味がわかない、というのが正直なところ。

しかし、なんのなんの。事実は童話よりも残酷なり。この童話のなかの「刑罰」より、もっとむごたらしい「刑罰」が中世ヨーロッパでは行なわれていたのだ。

まず、代表的なものが、火あぶりの刑。これは異端者に多く行なわれた刑だが、足の裏にラードを塗り、十字架にはりつけにしてあぶるもの。生きながら、足下からじりじりと燃え上がってきて、炎が体をなめてゆく。焼けつくような熱さなどというものではない。

「オルレアンの少女」として、祖国フランスのために果敢に戦ったジャンヌ・ダルクも、のちにはイギリス軍に捕らえられ、宗教裁判でこの刑に処せられた。戦場では、男性に負けず、軍の先頭に立って戦いに挑んだ勇敢なジャンヌも、火あぶりの刑を受けたときは、その命が絶えるまで、断末魔の悲鳴をあげつづけたという。

また、火あぶりとともに多かったのが、「四つ裂きの刑」。囚人の四肢をそれぞれ四頭の馬に結びつける。そうしておいて、馬をめいっぱい鞭打つと、手や足が胴からぶちっと切れてしまう、文字どおりの刑だ。関節がはずれ、体が伸びきっても手足がとれないときは、執行吏が関節や腱を切ることもあった。

その他にも、ネジで締めつけると、鉄のかぶとがぎりぎり締まり頭蓋骨を砕いてしまう「頭蓋骨粉砕器」や、鍋を罪人の腹の上にかぶせて熱すと、そこに入れておいたハツカネズミが熱さのあまり罪人の腹の皮を食いやぶって、内臓にもぐりこんでしまう「鍋責め」、とにかく眠らせず不眠不休で狭い牢のなかを歩き回らせる「不眠責め」、上を向いた鉄の鋲が無数に出た椅子の上に長時間座らせておく「拷問椅子」と、数えだしたらきりがない。

また、「刑罰」以外にも、権力者の趣味趣向で、残酷な仕打ちが行なわれることもあった。十六世紀のハンガリーでは、エリザベート・バートリという伯爵夫人が毎日、若い娘から搾り取った血の風呂を楽しんでいた。若い娘の血が、肌を白く若々しくしてくれると思いこんでいたからだ。そのために、「伯爵夫人の侍女」という魅力的な仕事を斡旋するふりをして、周辺の村から若い娘を連れてきたり、ときには誘拐までして大量の血を集めた。エリザベートは、無力な娘の小さなミスを探しては、血を搾り取るために多くの道具を使ったが、いちばんのお気に入りは、「鉄の処女」と呼ばれるもの。人間とおなじ大きさの人形だが、この人形に抱き締められると、人形のなかに無数に突き出た針が、娘の体じゅうに食いこんでくる。人形が娘の体を離すころには、娘の体の血は一滴も残らず搾り取られているというわけだ。これはもともと、性犯罪者の処刑のための道具だった。

また、時代は少しさかのぼるが、十五世紀のワラキア公国（現ルーマニア）にドラキュラが実在したのをご存知だろうか。彼は君主で、もとは普通の人間であったのだが、家臣たちの裏切りで父と兄を殺されてからというもの、究極の復讐鬼に変わった。何千人もの招待客を城に招き、門をすべて閉ざすと、客たちを串刺しにしたり、細切りにしたりした。赤ん坊の首を切り落とし、したたる鮮血をその母親の口に流しこんだり、釜ゆでにした女性の肉を、その夫の口にねじこんだり……。

悲劇の王妃といえば、「ギロチン台の露に消えた」と称されるフランスのマリー・アントワネットを思い浮かべる人も多いだろうが、その生涯はともかく、彼女は痛みや苦しみがわからぬほどの短時間であっさり死ねたのだから、当時としてはましなほう。実際、ギロチンは、他の刑のあまりの惨《むご》さに囚人がかわいそうだと考案されたものだったのだから。

52 美人はみな魔女だった⁉「魔女狩り」の名のもとに行なわれた非道

グリム童話の『白雪姫』の結末をご存知だろうか。白雪姫をいじめぬいたお妃は、真っ赤に焼けた鉄の靴を履かされ、死ぬまで踊りつづけなければならない。

「まあ、童話ってホントに残酷ね」と聞き流すのは、ちょっと待ってほしい。51で述べたように、実際にこんな厳しい罰が、むやみやたらと実行されていた時期があったのだ。

歴史上悪名高い魔女狩りだ。十六、七世紀に吹き荒れたこの風潮は、「疑わしきは罰せず」の、冤罪《えんざい》を防ぐための基本に反して、ちょっとでも疑わしいものは、かたっぱしから罰するもの。その厳しさは半端ではない。白雪姫の物語によく似た「真っ赤に焼けた鉄の靴を履かせ、上からハンマーでたたき潰す」荒技をやってのけた王もいるのだ。

魔女狩りは、美人や金持ちなど、人に妬まれる要因をもっている女性に、特に牙をむいた。密告者があれば、ことの信憑性は問われず、それだけでしょっぴいて拷問にかけることができたのだから。実際、魔女なんて存在しないのだから、本当の犯罪者以外は、多く

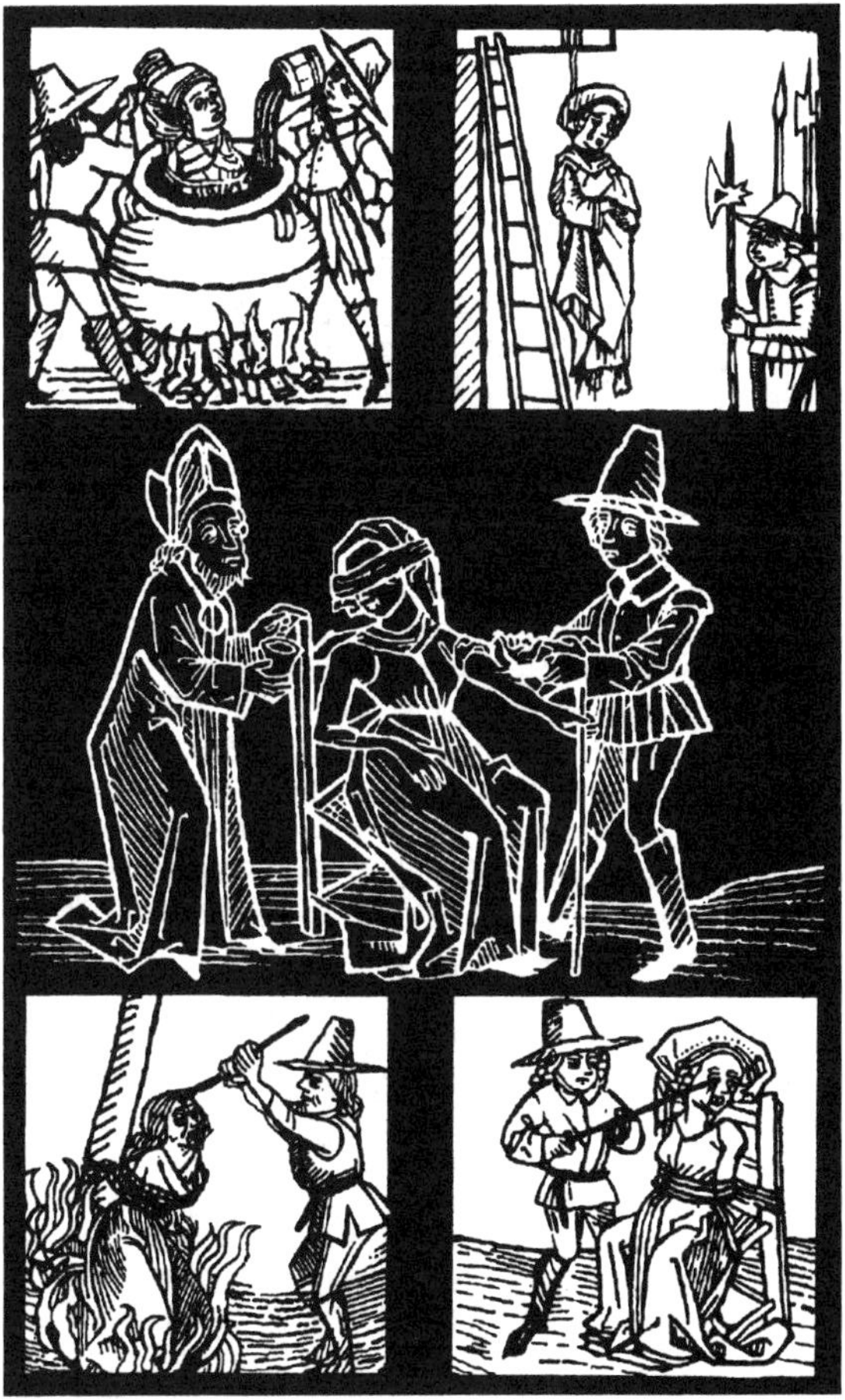

が冤罪だった。悲しいのは、実の子が母親を密告する例もしばしばあったことだろう。

そして待っているのは、取り調べに名を借りた拷問。魔女だと自白させるために、万力で指をはさんで爪をはがしたり、骨ごとつぶしたりする。また、ロープに吊るして高いところからいきなり落とし、地面すれすれのところで止める（こうすると体じゅうの関節が外れてしまうのだ）。鉄の棒で両目をつぶす……。それはひどい仕打ちで、結局、魔女と認めなくても、それで、死んでしまうのだ。

あやしげな魔女識別法もあった。裸にむいた体じゅうに針を刺し、痛がらない箇所を探すのだ。悪魔の使いに血を吸わせた痕は、感覚がマヒしている、と考えられたからだ。

さて、拷問に耐えかねて、命あるうちに「魔女だ」と自白してしまった場合はどうか。これはたいてい火あぶりの刑に処せられた。ペストのように、忌わしいものは火であぶれば滅することができる、という発想でもあったのだろうか。

また、冤罪で死んでいった女性のなかには、ジプシーも多かったようだ。当時のジプシーは薬草の知識が豊富で、いろいろな草を大きな壺や瓶で煮て、薬草を煎じていた。それがちょうど、童話に登場する魔女のイメージと重なったためだろう。

ともあれ、三百年間で、数十万とも数百万ともいわれる女性たちが「魔女狩り」の大義名分のもとで、死んでいったのだ。

53 当時は王子様やお姫様がいっぱいいた!?

物語では、欠かせない存在の王子様とお姫様。やたらと出てくるけど、昔はそんなに王子様やお姫様っていっぱいいたの？　そんな妬《ねた》み混じりの疑問を掘り下げてみよう。

最初に結論からハッキリいってしまおう。スバリ、いたのだ。

十八世紀のドイツは、多くの小さな国の寄せ集めだった。十九世紀後半にこれらの弱小国家が統一されるまで、その各国に王や王子がいたのだ。それぞれの国がそれぞれの決まりで、土地の民を治めていた。地元民から見れば、自分のところの領主が王様だったわけだ。

もし、これがわかりにくいようなら、日本を例に考えてみよう。江戸時代、各地は藩に分けられ、それぞれに藩主がいた。それは地元民にとっては、みな殿様。藩の大小など関係ない。それを統括する徳川幕府のない状態が、当時のドイツの姿だった。

そして、みな自分の国の勢力を拡大するために、よりよい縁組を、と血眼《ちまなこ》になっていたから、それこそ童話とおなじように「隣の国の王子様に嫁ぐ」ことはよくあったのだ。

54 童話より恐い中世ヨーロッパの家庭崩壊

できちゃった結婚が増えている昨今、「今の若い者は……」と嘆く向きもある。が、少なくとも、「できたら堕ろせばいい」「生んではみたけれど、育てられないから捨ててしまおう」なんて輩よりは、命を大切に考えているようで微笑ましくもある。

さて、ローマンカトリックが幅をきかせていた中世ヨーロッパでは、「命」はどうやら大切にしたらしく、堕胎は厳しく禁じられていた。とはいえ、これが逆に悲劇を生み出すケースもあった。

快楽の結果ならともかく、たとえば強姦などで妊娠した場合でも、堕ろすことは許されなかったのである。

また、この時代は、生んでも育てられない人たちは教会前に赤ん坊を捨てていった。望まれず生まれてしまった子供は、赤ん坊自身にも生まれながらに罪を背負っているとされ、当時の教会は、こうした子供たちを育てる、孤児院のような役割も持っていた。罪深き子どもたちを神のもとで育てようというわけだ。「コインロッカーベイビーズ」ならぬ「教会ベイビーズ」である。

生まれてすぐ捨てられなくても、まだ安心できない。

『ヘンゼルとグレーテル』では、子供たちは両親にいつ捨てられるかわからないと、恐怖で眠れない。子供にとっては、家庭といえど安心できないアドベンチャーワールドだったのだ。

また、恵まれない子供といえば、捨て子と並んで多かったのが、継母―継子の関係だ。グリムで代表的な継母子関係はシンデレラだが、実はこれもこのころのヨーロッパでは、特に珍しい環境ではなかった。

医療の未発達や栄養不足、労働過多などのもろもろの条件から、子供が成人するまで両親が健在でいるほうが珍しかった。そして連れ合いを失った大人たちは、生活のために再婚することが多かった。隣近所を見回しても、実に五軒に一軒の割合で、継母のいる家庭があったのだ。

もちろん、継子がみな虐められていたというわけではないだろうが……。

いずれにしても、中世とは血のつながりにすら頼ることのできない、子供にとっての受難の時代だったのだ。

55

『白雪姫』に見るカニバリズム 人の肉を食べると、その人になれる!?

白雪姫を思い出してほしい。白雪姫を殺した証拠に姫の肺と肝を持ち帰るように、猟師に命じるお妃。猟師に騙されたお妃は、イノシシの肺と肝を白雪姫のそれと思い込んで、ゆでて食べるシーンがある。

これは白雪姫憎さからだけではない。十九世紀のドイツでは、その人の肉を食べるとその人の特質が自分のものになる、という古い民間信仰があった。美しい人の肉を食べれば、美しく、賢い人の肉を食べれば、賢くなれる、というのだ。

現に、汚れを知らない娘の肉を食べれば、自分の罪が浄められる、と信じて、自分の幼いふたりの娘を殺して食べた父親の記録が残っている。ただし、これは裁判の記録として残されているところをみると、やはり当時でも罪ではあり、日常茶飯の出来事というわけでもなかったようだが……。

嘘をつかない鏡が「世界一美しい」という白雪姫の体の一部を食べることで、その美しさを自分のものにしようとしたのだ。

おなじグリムの『ねずの木の話』では、母親が継子の肉でシチューを作り、父親に食べさせるという人肉食の話があるが、これは本人は知らずに食べてしまったわけだから、事情は少し異なる。

こちらでは、むしろ「骨からの復活」に重点がおかれている。狩猟文化であるヨーロッパでは、骨が生命の根源であり、人間も動物も骨から再生するという思想が古代からあった。この物語では、妹が兄の骨を集め、庭に埋めている。そのために生き返ったとも考えられるのだ。

これと似たように、騙されて、身内の肉を食べさせられた話が、日本にもある。「かちかち山」だ。

おじいさんがタヌキに騙されて、「婆汁」を食べさせられてしまう話なのだが、この箇所は残酷だから、と削られてしまっている本も多い。そんな話は初めて聞いた、という読者は本屋で絵本を繰ってみるとよい。

56 グリム童話時代のお宅拝見！貧しい生活って、どんな生活？

童話に登場する主人公は、王様や貴族などの大富豪か、さもなければ、極貧の人々……。童話が極端なのは、童話の特徴ともいえるのだが、中世当時、庶民はその大部分が、実際に貧しかった。

たとえば農民であれば、豊作だった年でも、つぎの収穫時までやっと糊口《ここう》をしのげる程度。不作だったときには、もう食べ物もつづかないのだ。

童話でもよく貧しい主人公がお金や食べ物を借りようと、お金持ちの家を訪れるシーンが登場するが、実社会でもそういうことがしばしばあったのだ。そうして金を工面できなかった農民たちは、土地や家を捨て、森に入り、流浪の民となる。

十五、六世紀のドイツの農民の食べるものといえば、ふだんはパンや麦のおかゆ。肉は、いちばん豪華な昼食のときに、週二回出る程度だった。魚はさらに高級品で、これはもっぱら病人用。川や池は領主のもので、勝手に漁をすることは許されていなかったからだ。

とはいえ、八〜九世紀に比べると、「鉄のすき」ができたおかげで、小麦の収穫量は二〜三倍にはなっていたから、麦を原料とした固形物のパンが食卓にのぼるようになっていた。今、ダイエットや手軽な朝食として人気のオートミールは、もともと少ない小麦の量を補うために、粉に牛乳をまぜ、おかゆ状にして食べていた生活の知恵なのだ。

しかし、小麦の収穫量こそ増えたものの、本来は自由に使うことのできた森や牧草地を勝手に使うことを領主が禁じるようになってくると、それまで自由に行なっていた木材の伐採やブタや牛の放牧ができなくなった。

それに、鶏が卵を生んでも、チーズやブドウ酒を作っても、何から何まで税をとられるので、農民が領主に納める税は、収入の半分以上にものぼったのだ。

また、都市部では、十一、二世紀ごろから、商人や職人が一カ所に定住し、「都市」をつくりだした。そして、自分たちの町を自分たちで守るため、都市の周囲に壁、いわゆる「城壁」をめぐらして、いくつかの門に交代で見張りにつき、出る者も入る者も厳しくチェックした。

しかし、全体的に見て、一般庶民は、栄養不足、労働過多、厳しい生活条件のため、寿命は短かかった。そして、こういった「極貧」の暮らしを送る人たちが、人口の九割を占めていたのである。

57 色欲貴族VS.教会道徳 結婚制度をめぐってイタチごっこ

「病めるときも健やかなるときも、あなたはこの男性を心から愛し、敬い、生涯をともにすると誓いますか？」

今や、キリスト教徒でない日本人女性のあいだでも人気の、教会スタイルの結婚式。理想の男性を思い浮かべ、こんなシーンに胸をときめかせる女性も多いと思うが……。

結婚という形態は、いつから出てきたのだろう。そして、こんな教会でのやりとりがかわされるようになったのは？

カトリックでこういった風習が始まったのは、十二世紀のころからの話である。それまでの結婚とは、特に契約に基づいたものではなく、いわゆる自由婚。男性、特に貴族にとっては、一夫多妻制で離婚もＯＫという、なんとも都合のいい習慣がまかり通っていた。ところが、貴族男性が作り出した結婚のスタイルは、女性や庶民にも広まり、今でいう内縁や同棲のような関係であった。だから「妻が子供を生まない」といっては離婚したり、未婚の娘を誘拐して妻にしたりする、という非人情なことも行なわれていたようだ。

こんな世の中の乱れを正そうと、「一夫一妻制、および離婚はならず」の規則をかかげて、結婚観の改革に乗り出したのが、カトリックの教会。とはいえ、別にひとりに捧ぐ愛を崇高なものと考えていたわけではなく、無限の色欲への歯止めのためで、結婚の目的は「子作りのみであるべき」という考えがベースだった。徐々に、結婚に対する規則も整えられて、冒頭の「誓い」も、家族が結婚を強制できないよう、生まれたシステムなのだ。

しかし、これは当初大きな反発をくらったようだ。当時の結婚は二種類あって、そのひとつが「フリーデル婚」。これは当事者の合意に基づく自由婚、いってみれば恋愛結婚で、正式なものでなく、別れるのも簡単。どちらかというと、「愛人」に近いだろうか。

もうひとつが、「ムント婚」と呼ばれる、両家の正式な契約に基づいた結婚。こちらは政治的な戦略で、当時の貴族にとって、一族ひっくるめた大事業だった。貴族の家では一族の誰をどこの誰と結婚させれば、より自分たちに有利か、頭を寄せ集めては、カンカンガクガク話しあったわけだ。

これができないとあっては、一大事。教会の規則とあっても守る人は少なかったようだ。結局、中世のヨーロッパでは、規則を押しつけようとする教会側と、その抜け道を探し出す貴族側とのあいだで、イタチごっこがつづいていたようである。

58 トイレのない不衛生な街で、ペストが起こす、もうひとつの恐怖

グリム童話のなかでは、悪魔と「七年間、髪を洗わず、風呂にも入らない」と約束して、金持ちにしてもらう者が何人か登場するが、彼らの周囲ではそう珍しいことでもなかった。中世ヨーロッパでは、人も街も、とにかく不潔このうえなかったのだから。

今でも、パリは犬の糞が多い街として有名だが、当時は各家庭にトイレというものがなく、人々は催してくると、家のなかに置かれた陶製の壺に用を足していた。なんと、これを家の窓から表の通りへ、豪快に垂れ流していたのだ。まったくうかつに道を歩くこともできない。貴婦人たちのハイヒールに傘の優雅さは、実は、上から降ってくる、あるいは地面にたゆとうている糞尿と戦うためのスタイルでもあったわけだ。だから当時は、男性が女性をエスコートする場合は今とは逆。女性に道路の外側を歩かせ、男性は建物に近いほうを歩いて窓から落ちてくる糞尿から女性を守った。

こんな不衛生な街だから、伝染性の病気が流行しだすと、それはもうまたたく間に広が

った。十四〜十七世紀に断続的にヨーロッパを襲ったペストは、社会を存分にかき乱した。特に一三四七年から四年間、猛威をふるったペストは、ヨーロッパの三分の一の人命を奪った。ペストは当時、予防法もなければ治療法もなく、徴候が現われだすと早ければ二〜三時間で、遅くとも二〜三週間後には死んでしまう。体じゅうに黒いシミや痣《あざ》が浮き出し、肉が腐ったようにただれて、悪臭を放つ黒死病の異名をとった。

この病気の被害は、それだけにはとどまらない。

伝染するから、かかった人は、嫌われ、追い出され、孤独に死を迎えるのだ。

また、この病気への恐怖心が、集団パニックを引き起こし、社会で無気味な光景が見られるようになった。そのひとつが「鞭打ち苦行」。鞭で、自分や他人の体を打ちつづけるのだ。村をあげて、こうして踊り狂ったケースもあるというから、尋常ではない。

さらに、ペストのおかげで濡れ衣をきせられ、迫害された人種もいる。ユダヤ人だ。ペストが起こったのは、ユダヤ人がよからぬ薬を散布したからだ、というデマが流され、ヨーロッパに暮らすユダヤ人は、家に放火されたり、服をはぎとられ暴行を加えられたり、殺害されたりなど、かなりの迫害を受けた。特に、大ペストの時期には、「ヨーロッパでのユダヤ人に対する最大規模の殺人行為」がなされ、犠牲者は、何千、何万ともいわれる。

当時のペストとは、社会全体をこれほど狂わせてしまうほど、恐ろしい存在だったのだ。

59

『ラプンツェル』の妊娠騒動　残酷はOK、エッチはNG!?

残酷なシーンはあけっぴろげに描きまくっているグリムだが、こと性描写となると、神経質なほど気をつかっている。その最たるものがラプンツェル。その書き換えは24でも見てきたとおりだが、なぜグリムはここまで性描写を削ることに躍起になったのか。

ひとつには、当時の社会風潮や育った環境により、グリム自身が婚前交渉や姦通などに大きな嫌悪感を抱いていたからだろう。

それ以上に大きかったのは、まわりの反応だ。初版で「妊娠」をほのめかした描写が、編集者や読者から強い非難を浴びた。「子供に読ませるべきものではない」というのだ。

貧しい兄弟にとって、童話編纂の仕事は重要な収入源でもあった。クライアントさんの意見とあらば、無視するわけにはいかない。この雑音を受け入れて、弟のヴィルヘルムは、性描写のシーンに筆を入れていく。だが、あくまでも、童話集に「学問的」な性格を求めた兄のヤーコプは、やがて童話の編纂から離れていくことになる。

60 国を救う兵士が嫌われ者だった理由

『グリム童話』には、主人公の職業や立場としてよく登場するものがある。兵士、仕立屋、三男だ。どうして、この人たちにスポットが多く当たったのだろうか。当時の社会の実情をのぞきながら、考えてみよう。

まず、兵士が主人公の物語は十話見られる。そのうち八話は、現役でなく、クビになった兵士や元兵士の姿を描いている。これらの話をグリム兄弟に語ったのは、地主階級の人や農婦だが、もともとそれを彼らに伝えたのは、兵士自身だ。

当時、ナポレオンとの戦争で、ヨーロッパ全体で兵士が急激に増加していた。ドイツでも、十七世紀から十八世紀にかけて、国は軍備を増大し、軍の維持や兵力の増強のために、国民は重税に苦しんだ。農民や下層階級出身の男たちは兵士にと召集された。十八世紀に入るころには、軍が大きな政治勢力をもち、軍のエリートたちは絶大な特権階級を形成していった。

その一方で、下級兵士の運命は、辛酸を極めた。何の権利ももたず、平時でもハードな教練と警備勤務。副業は許されていたとはいうものの、軍務が最優先。将校たちの厳しい監視のもと、逃亡でもしようものなら、死刑は免れなかった。ひとたび戦《いくさ》となれば、まっさきに砲弾のえじきだ。

とはいえ、兵士も職業のひとつ。貧しい庶民にとって生活の糧を得るための重要な働き口であったことはいうまでもない。

このように、お国のために闘う兵士なら、国民にはヒーロー扱いされると思ったらとんでもない。彼らはとんだ嫌われ者で、社会のクズとまで呼ばれていたのだ。

なぜなら、庶民は、兵士をタダで泊め、自腹を切って食をまかなわなければならなかったからだ。自分自身の生活もままならぬ、ゆとりのない庶民にとっては、これは迷惑でしかない。庶民の反感をかっている兵士たちは、兵士を辞めても、社会に快くは受け入れてもらえなかった。

グリム童話で多いのは、兵士が自分を放り出した上官に復讐を企てるというストーリーだ。兵士を英雄として扱っているのはたったの一話『三枚の蛇の葉』だけ。

こうした背景のなか、軍隊にいても辛い、かといって社会にも受け入れてもらえない、という兵士たちの悲惨な運命や退役後の姿を弱者として描いた作品が多いのだろう。

61 童話の仕立屋はなぜ狡猾なイメージで描かれる？

つぎに仕立屋を見てみよう。仕立屋の話はグリム童話のなかで十一話。ここで注目したいのは、登場する仕立屋がみな、一介の職人か徒弟だということ。親方はひとりもいないのだ。しかも、兵士がその恵まれない環境にもかかわらず、温情味のある人物として描かれているのに対し、仕立屋は狡猾《こうかつ》なイメージの描かれ方が多い。

中世ドイツでは、職人は各分野の専門家として、社会で認められていた。しかし、そんななかで、仕立屋の地位は低かった。専門の知識や技術を必要とせず、たいした設備も必要としない、いわゆる「つぶしのきく」職業だったからだ。おまけに、さほど体力もいらなかったので、仕立屋に徒弟奉公に出されるのは、体の弱い息子たちだった。そんな事情を背景に、仕立屋は役立たずの人間の仕事というイメージができあがっていったのではないだろうか。

しかも十八～十九世紀になると、ギルドが弱体化して、自由競争が激しくなった。すると仕立屋の数が非常に増え、競争が激しくなったため、生活はいよいよきびしくなり、ほんの一握りの裕福な親方をのぞいては、一般的にとても貧しかった。仕立屋は開業資金もそれほどかからず手軽だったかわりに、親方として安楽な地位につくのもかなり難しい仕事だったのだ。だから、仕立屋を開業しながらも、もっとましな生活をしようと浮わついた足取りで他の職業を求めつづける人が多かった。放浪者のような生き方が、庶民にいかがわしさを感じさせた面も大きかったようだ。

　グリム童話に登場する仕立屋のなかには、チャンスと見ればあやしげな話にのる『おぜんやごはんのしたくと金貨を出すロバと袋の棍棒《こんぼう》の話』や、詐欺のような行為を繰り返してひとつの村を手に入れる『すぐに金持ちになった仕立屋の話』などの物語があるのも、なるほどうなずける。

　当時の仕立屋の生き方が、物語に反映されているのだ。

62 末息子は何もないから、かえって強い?

最後に、三男坊はどうか。中世ヨーロッパでは、仕事は基本的に世襲制であった。しかし、『長靴を履いた猫』にも見られるように、粉ひき屋なら、長男が粉ひき小屋、次男がロバ、三男がネコというように、長男優先の財産相続制度が慣習としてあったから、三男というのは、ほとんど生活のための既存のベースがなかったのだ。だから、三男は生きていくためには、自分の力や知恵だけが頼みの綱だった。ちなみに日本で、バカ者よばわりするときに「たわけ者」というが、これも遺産相続からきている。兄弟に平等に田畑を分けると、一族の資産が分散してしまう。それはバカのすることだ、というわけだ。

さて、西欧に話を戻すと、兵士、仕立屋、三男——この三大弱者に共通するものといえば、生活の基本すら危うい立場にいること。だから逆に、失うものが何もないという強みがあった。どんな試練がこようと、恐れるものは何もないのだ。これ以上、落ちるところがないから、彼らは童話のなかで思いきった冒険を試みることができたのである。

第VIII章

グリム童話のファンタジーアイテム

63

『シンデレラ』で脱げた片方の靴いったい何を意味している？

靴は身分を表わすもの、という話は『長靴を履いた猫』の項ですでにしているので、ここでは靴のもつ別の意味を見ていこう。

靴には、とてもエロティックな意味がこめられている。それは「女性の性器」。そして、それに入れる足は男性の性器の象徴だった。つまり、「靴を履く」という行為描写は、肉体関係をもつことを暗示しているのだ。

一方、靴が片方脱げている、という描写には性的な堕落を表わす場合もあるようだ。ドイツのある地方では、祭りの儀式で娘たちがたき火を飛び越すときに靴が片方脱げてしまったら、処女ではないとみなされた。また、南仏やスペインの寺院の壁画には、片靴の女性の姿が見られるが、これはふしだらな女性を表わしている。

『シンデレラ』の物語では、舞踏会最終日、シンデレラは慌てて階段をかけおりるときに、靴を片方落としていくのは、王子がシンデレラがあまり早く走り去ることができないように、タールを塗っておいたせい。これは、王子の策略にはまって、王子と肉体関係を結んでしまったと解釈することもできる。

しかし、グリムの金の靴ではなく、ペローのガラスの靴で考えれば、少し解釈が違ってくる。ガラスはもろく、壊れやすく、形を変えられない。

これが、処女性を表わし、かたくなにバージンを守ろうとしたシンデレラの姿勢ともとれるのだ。

グリムもペローも、きっとそこまでは考えていなかったと思うが、意外に気の強いグリムのシンデレラと、どこまでもお人好しで清廉潔白なペローのシンデレラ、それぞれの靴が想像以上にキャラに合っているようだ。

それにしても、『ローマの休日』のアン王女も、謁見の途中で退屈のあまり、ドレスの下で靴を弄《もてあそ》んでいるうちに脱げてしまったが、あれにはどのような解釈が……？

64 『赤ずきん』ずきんの赤い色は何を物語る？

真っ赤なルージュ、真っ赤なマニキュア――。大人の女性を思わせる色だ。

赤ずきんがかぶっていたずきんの色でもあった、この「赤」とは、中世ではいったいどんな色だったのだろうか。

西欧のほとんどの国で血を語源とする赤は、プラスの意味でもマイナスの意味でもよく使われる、とても重要な色だ。

キリスト教社会では、暖かい血＝愛であると同時に、生《い》け贄《にえ》の象徴でもあった。また、火の色でもある赤は、戦火、災害、懲罰をも表わすため、悪魔の色ともされた。

こんな二面性をもちながらも、グリム童話ではそのマイナス面が強く語られている。また、グリムのあとにつづく、アンデルセンの『赤い靴』でも、教会に赤い靴を履いていった少女が、両足を切り落とすという、やはり忌まわしい色として使われている。それは当時の社会と深くかかわりがあるのかもしれない。

中世ヨーロッパでは、赤を身につけるのは、限られた人々だった。肉体を売る娼婦、囚人の刑を執行する刑吏、難病患者……。つまり、赤は社会の嫌われ者、鼻つまみ者を差別するための色だったのだ。魔女狩りに象徴されるように、忌み嫌われた魔女も、現代では黒のイメージが強いが、当時は赤目、赤毛で、赤い帽子に赤い服とされていた。

赤の不吉さは、迷信にも表われていて、旅立ちのときに赤毛の人に会ったり、新年の最初の訪問者が赤毛であったりすることは、不吉なこととされていた。

心理学的に見ても、赤は闘争や興奮をあおる色。それを身につけていた赤ずきんは、知らず知らずのうちに男性＝オオカミに信号を送ってしまっていたのだ。

これを現代に置き換えてみると、ノースリーブを着ていて男性に犯され、「おまえがさそったんだろ」「そんなつもりは……」というのとよく似ているようだ。

65

妖精は美しいもの!? 優しいもの!?

妖精と聞いて、どんな姿を思い浮かべる？　白い肌、ブロンド髪の美女？　それとも羽が生えた、小さく愛らしい姿？　それも、確かに妖精のひとつの姿に違いないが、それだけではない。一般に語られている妖精は、アリくらい小さいものから、テーブルの下や帽子のなかに納まってしまうようなものまで、大きさだけ見てもさまざま。もちろん、性格や行動も十人十色で、家事や農作業を手伝ってくれるものもいれば、赤ん坊をさらったり、家畜を病気にするものもいる。また相手の対応によって、態度を変えもする。

グリム童話を見ても、それは明らか。『いばら姫』では、招かれた妖精が美や賢さなどの長所を贈り、招かれなかった妖精は死を贈る。『ラプンツェル』に登場する妖精は、自分の庭のラプンツェルを盗んだ夫婦の赤ん坊を取り上げてしまう。

西欧では長いこと実在すると思われてきた妖精も、人間が約束を破って怒らせたとかで、最近は姿を見せないらしい。一九五五年にイギリスで妖精を見たという体験談を最後に…。

66 よく登場する食べ物、その意味は？

グリム童話では、よく登場する食べ物がある。そら豆、エンドウ豆、大豆などの豆類や果物のりんごが、その代表格だ。これは、当時の食生活がベースにはあるのだろうが、そこに深い意味がこめられている場合もある。

まず、りんごはどうか。これは童話以前の神話の昔から、すでに多く登場していた。アダムとイヴをはじめ、パリスの審判、それに北欧の神話ではイズンの若返りのりんごなど、誘惑や不死、罪など、その話のカギを握る、重要な意味がこめられた食べ物だった。『白雪姫』でのりんごは毒りんごで、これは「死」の象徴なのだ。

豆は、中世ヨーロッパで麦とともに、食卓を支えていた。その実績を買われてか、豊《ほう》饒《じょう》や活力の象徴とされていた。さやに入っている豆の数で、やはり幸運を占ったという。イギリスでは、そら豆の花には死者の霊が宿っている、ともいわれる。ちなみにグリムの故国ドイツでは、エンドウ豆は小人の大好物だとされている。

67 小人たちの正体は？

小人というのは、いったいどんな人物だったのだろうか。本当に小さい人だったのか、それとも他の何かを象徴する存在だったのか？

小人については、いたずらばかりするため小さくされ、天界から追放された神的な存在、太古の人類の生き残り、自然界の霊的な住人、征服された民族への侮蔑の表現などなど、諸説あり、今ひとつはっきりしない。

童話に登場する小人に限定すると、その風体は、頭でっかちの老人顔、足はがにまたで偏平、あるいは動物の足。どうやら、この足の恰好に並々ならぬ劣等感をもっているらしく、足跡を探ろうとした料理番の小僧を串刺しにして殺してしまったりしている。

この小さな老人たちは、何をして暮らしていたのか。小人の生業として代表的なのは、『白雪姫』に出てくる炭坑夫だ。山で石炭や金銀などの鉱石や宝石を掘って生活していた。当時、炭坑掘りは危険で厳しい労働。この仕事につくのは、たいてい貧しい下層階級の庶民や元犯罪者など、社会では陽の当たらない人たちだった。見た目だけで差別されやすい小人も、そんな恵まれない環境に甘んじるしかなかったのかもしれない。陽の当たらない人生同様、洞穴や家畜小屋の床を入り口とした、地面の下を住みかとすることが多かった。

また童話における小人は、妖精と似た面もある。不思議な力をもち、人の力になることもあれば、人をさらうなどの害を及ぼすこともあり、善悪合わせもったイメージがあるようだ。しかも、童話のなかでも不可解な行動をとるので、人間はよく翻弄されている。

グリム初版の一話『小人の話』には、小人の登場する短編が三つ収められているが、その三つを比べただけでも行動や反応はさまざま。『小人に仕事をやってもらった靴屋の話』では、小人が毎晩靴を作ってくれるお礼に、チョッキや靴下をプレゼントしたところ、喜んで出ていき、その後二度と現われなかった。『洗礼の立ち会い人になった女中の話』では、小人の子供の洗礼に立ち会った女中が、たくさんの金をもらって帰る。『子供を取り替えられた女の人の話』では、自分の子を不気味な子（これが小人）に取り替えられた母親が、隣人の知恵を借りて実の子を取り返す。二番めはともかく、一番めと三番めの小人は、なぜそんな行動をとったのか、皆目見当がつかない。

しかし、常識では計り知れないそんな行動が、なんとなく屈折した人間を思わせるようで、せつなくもある。

68 悪魔とは何者？

西欧の悪者、悪魔。裂けた尻尾とひづめ、とがった耳、こうもりのような黒い翼という定番スタイルが思い浮かぶが、そのイメージはすでに中世のころから定着している。

キリスト教でいえば、悪魔とは、神様の試練に破れて堕落した天使、いわゆる堕天使のこと。人間の弱味につけこんでは、罪を犯させる絶対的な悪だ。そうして、その人間の魂を地獄へと連れてくるのが仕事だ。

グリム童話でも、金に困っている主人公に、金が好きなだけ出る上着や鞭を貸し、かわりに「七年間髪を洗いもとかしもせず、爪を切らず、風呂にも入らなければ、魂をとらないでやる」とか「七年後に魂をもらうが、そのときなぞなぞが解ければ見逃してやる」など条件を出して、悪魔は主人公を甘く誘惑する。

ところで、昔話に登場する悪魔は、意外に愛嬌がある。グリム童話の『悪魔とそのおばあさん』のように、魂を狙っていた三人の兵士に逆にしてやられたり、『緑色の上着を着た悪魔』のように当初の狙いがはずれ、かわりの人間の魂を取っていってわざわざ負け惜しみの言葉を告げに戻ってくるなど、どことなく間が抜けているのだ。

ただし、西欧の物語のなかにも、人の魂を取ろうともしていない悪魔が登場することもある。それは、キリスト教が広まる前の時代から、その土地に伝わっていた話と思われる。この場合、超自然的な力うんぬんでなく、ただの悪者の意味でしかない。

また、キリスト教でない他の国の悪魔は、善悪合わせもつ神の一種であることが多い。ちなみに仏教でも悪魔はいて、これは日本の江戸時代には、天狗とされることが多かった。天狗も、獲物の獲れる方向を太鼓で人に知らせてくれるなど、いいところもある。

69

きらびやかなイメージの裏に隠された主人公たちの名前の本当の意味

童話や民話では一般的に、主人公のキャラクターを特殊なイメージに抱くような名前は使われない。王子様やお姫様、農民、父親、娘など、名前でない呼ばれ方も多い。グリム童話を見ても、名前がついている場合でも、ハンス、ハインツ、グレーテルなど、ドイツでは非常にポピュラーな名前がほとんど。日本でいえば、太郎や花子というところだ。

しかし、日本人の耳にはとても素敵に響き、かつ実在の人物では聞かない、珍しい名前もある。そのひとつ、ラプンツェルは、本来は植物の名。妖精の庭のラプンツェルと交換されたから、と理由は短絡的だが、なんだかゴージャス……。でも、これはちしゃというレタスのような野菜の名前。桃太郎や瓜子姫とおなじなのだ。またシンデレラも、美しいイメージとは裏腹に、英語で灰かぶりの意味。いつも灰にまみれてるためについた不名誉な名前だ。垢太郎と大差ない。ちなみに、明治時代に日本で初めて紹介されたグリム童話では、シンデレラは「おすす(煤)」と訳されていた。原作を重んじたイキな名前だ。

70 童話のなかの鳥は正義の味方?

グリム童話のなかでオオカミが悪玉の代表なら、グリム童話に出てくる鳥は、たいてい主人公の味方。いってみれば、善玉だ。そうでなければ、人間が姿を変えたものだ。神話や伝説の昔から、鳥は、神の国の使いとか霊魂を運ぶものといった意味をもっていた。

グリム童話のなかでもそういった性質の鳥が随所に表われる。『シンデレラ』で、シンデレラの窮地を救ってくれた二羽の白い鳩。シンデレラが灰のなかから豆を拾う、その手伝いばかりでなく、最後には、意地悪姉さんたちの目玉をえぐり出す、つまり人間様を罰することまでやってのけている。これは「神の国の使い」だからこそ、できた技だろう。

では、霊魂を運ぶものはどうか。人間が鳥に姿を変えた話を見てみよう。

『ねずの木の話』では、義母に殺された男の子が、美しい鳥に生まれ変わる。やがては、継母を罰して、人間として再生するまでのあいだ、魂は鳥に姿を変えていたわけだ。『十二人の兄弟』では、カラスに姿を変えられた十二人の兄王子を救うために、末の妹姫が「十二年間、口をきかず、笑わない」という誓いを守りとおし最後に兄たちは人間の姿に戻る。また、おなじ初版の『三羽のカラス』（のちに『七羽のカラス』に）でも、カラスに変えられた三人の兄が、妹の力で人間に戻っている。

こうしてみると、確かに童話のなかの鳥は、人間の魂を宿す化身であることがわかる。

不思議な力を宿した鳥は、神秘性を強調するために、「白い鳥」であることが多く、なかでも鳩は、よく登場する。教会や寺院の周囲に群がるから、神秘的なイメージがあるせいだろうか。また、鳥でも黒いカラスや黒い鶏は、呪いをかけられていたり、邪悪なものの象徴であることが多い。

71 童話に出てくる猟師という職業の謎

森は、妖精や精霊の住む神秘的な場所でもあった。また、村と村との境界をなす、通り抜けできない深さが、未知の世界への入り口を思わせた。その未知の世界＝森と、人間界＝村を自由に行き来していたのが猟師。猟師は、潜在意識＝村と、無意識＝森をもつなぐ、ちょっと不思議な力を秘めた、特殊な存在だったのだ。

『白雪姫』では、白雪姫を城から森へ、潜在意識から無意識へと導く。城のなかでは自分を殺していた白雪姫も、森のなかでは、欲しいものは欲しいと、本能のままに行動している。グリムの『赤ずきん』では、猟師が赤ずきんを助け出す。民間信仰では、狩人がオオカミやキツネと出会うとよいことの起こる前触れだとされている。オオカミのいる場所に狩人が登場したら、それはハッピーな結末を期待してよいのだ。

八〜九世紀オオカミを獲る狩人は兵役の義務も免除されていた。それだけ頻繁にオオカミが村に現われたのだろう。狩人は童話でも実社会でも救世主だったのかもしれない。

72 森に秘められたふたつの顔とは?

森に捨てられたヘンゼルとグレーテル、森に置き去りにされた白雪姫、いばらの森におおわれた城に眠るいばら姫……。

童話のなかでは、森というシチュエーションがやたらに出てくる。確かにヨーロッパでは、広大な土地のほとんどを森が占めていた。人々が暮らしを豊かにするためには、その森を切り拓いて作物を生む耕地にすることが課題だったほどだ。

特に中世のドイツでは、黒い森と呼ばれる森が各地に広がっていた。鬱蒼《うっそう》と繁って昼なお暗き、という以外に、その黒いという言葉の影に何が潜んでいたのか……。

実社会での森は人間にとって、二面性をもっていた。

ひとつは、人に害をなす暗黒の顔。「森のなかで獣に食われちまう」というヘンゼルの父の心配どおり、森に流れこんだ流浪者の多くが、獣のえじきになっていた。運がよければ、さまよい歩くうちに、大きな荘園をもつ領主の館や修道院などにたどりつき、保護されることもあったが、ほとんどはその森のなかで命を落としていった。また、犯罪者、捨て子や老人、不作のために生活ができなくなり逃げてきた貧農など、社会の弱者、はみ出し者をすべて飲みこんでいた無法地帯でもあった。

そんな恐怖の面をもつ一方で、森は慈愛の顔も合わせもっていた。

村に近い、森の入り口付近では、薪や野苺など暮らしの糧を得られたし、冬には、貴族が狩りを楽しんだ。中世ドイツでは、森は公共のものであったから、そこから何をもらおうが、そこで動物を飼おうが、土地の人は自由に利用できたのだ。

万人に平等で、地位もお金も通用しない森は、昔話に舞台を転じると、貧しい主人公が本来の力を試せる場所として、多く登場した。精神学的に見ても、村は人間の顕在意識で、森は無意識。村では、制度や慣習に縛られていた主人公が、森に入ることで自分の本能や才能に目覚め、大きく成長をとげることになるのだ。

童話では「森」を通過すると、主人公の運命は百八十度変わっている。莫大な富を得たヘンゼルとグレーテル、王子様にみそめられた白雪姫、金と結婚を手に入れた何人かの兵士たち（『悪魔の煤だらけ兄弟分』や『熊の皮男』など）……。

弱者たちにとって、童話に登場する黒い森の影には、ある種の自由と、運命を変える大きなチャンスが潜んでいたのだ。

73

シンデレラがいつも灰だらけになっていたかまどがもつ神聖な力とは？

グリム童話を初めとして古今東西の童話には、よく台所や土間のかまどが登場する。グリム童話集の『ヘンゼルとグレーテル』で最後に魔女が焼かれるのは、台所にどっかりと据えられたパン焼き釜だ。イギリスの民話『三匹のこぶた』のオオカミは煙突から、かまどにかけられた煮えたぎる大鍋に落っこちてしまう。ロシア民話の『イワンの馬鹿』、『エメーリヤ』に登場するのはペチカである。

人間は、大昔に火を使うことを知り、火を恐れる動物から身を守り、寒さをしのぎ、食料の調理や保存に火を利用してきた。このように火は人間が洞窟に住んでいた時代から生活に不可欠なものであり、火がおきている場所は一家、一族のだんらんの場所であり、神聖な場所でもあった。そこで人類に不可欠な火を誰がもたらしたのかという神話が、世界各地に伝えられている。それは特定の神であったり、英雄であったりするが、人類と火の結びつきを感謝するものだ。家のなかの火の床は、最初は床の一部を凹ませて火を置く箇単なもので暖房と調理を兼ねていた。時代が移り変わるとともに暖をとるための暖炉と調理用のかまどに分化してきたが、火のあるところが生活の中心であることは、今も変わりはない。暑い国では調理のみに利用されるかまどが発達して屋外に設置されるようになり、日本やヨーロッパでは暖房、調理兼用の囲炉裏や暖炉が発達した。ヨーロッパの牧畜農家では、暖炉やかまどの煙も自家製のハムやソーセージを燻製にする重要な役目をもっている。中国や韓国の床暖房は、年寄りたちが集まってきた子供たちに民話や伝説を語ってやる場所でもあった。

日本では、かまどにはかまどの神が宿るといわれて、神聖な場所とされていた。ヒンズー教の社会も同様で、土間であっても履物を脱いで入ったと伝えられている。ヨーロッパの各国にもこの傾向は強く残されていて、神聖な火によって守られた場所とされた。

かまどのそばで寝起きしていたためいつも灰にまみれていたシンデレラが、最後に幸せになるという展開は、神聖な火から作られた灰には、特別な呪力が潜んでいるという解釈だ。日本の昔話『花咲か爺』が灰で枯れ木に花を咲かせるのも、同様な信仰から生まれた解釈である。同時に火とかまどは悪を倒す強力な武器にもなる。『三匹のこぶた』でオオカミがかまどの鍋で煮られるのも、『ヘンゼルとグレーテル』で魔女がパン焼き釜で焼け死ぬのも、悪は神聖な火に打ち勝てないことを示したものなのだ。

74 カエルは若い男性のシンボル？

「おまえの望みはまもなく叶えられるだろう。おまえはもうすぐ娘を生むだろう」

『いばら姫』の冒頭で、威厳ある予言者のように、妃にこう告げているのは、初版ではザリガニ。けれども、これは改訂の過程で、カエルに変えられている。そんなちっちゃな（ように思える）ところに、どうしてグリムはこだわったのか。

そこで、カエルのもつ意味について考えてみよう。

昔からヨーロッパでは「カエルが鳴くと雨が降る」といって、カエルを天気の占いに使っていた。つまり、生活に密着した存在であると同時に、不思議な力をもった生き物ともとらえていたわけだ。エジプトでは「母なる神」、古代ギリシアやローマでは「豊饒の化身」とされていたから、ヨーロッパで、カエルを超自然的なものとして敬う傾向があっても、不思議ではない。

とはいえ、カエルは見た目はぬめっとしてあくまで無気味。『カエルの王様』の末のお姫様は、カエルに恩を受けたにもかかわらず、気味悪いカエルをやっぱり毛嫌いしている。

それはさておき、もっと面白い見方もある。

このカエルは、ぼろ服をまとってほとんど裸同然の、みすぼらしい庶民階級の若者を比喩したもの、という解釈だ。そう当てはめてみると、前出のふたつの物語は、がぜん話が面白くなる。

『カエルの王様』では、庶民階級の若者が、

「金の鞠《まり》をとってきてあげたら、これから僕と遊ぶようにしてくれる？」

と申し出る。お姫様は、

「庶民ごときに約束を守る必要なんて…」

と思っているから、アッサリと承諾する。ところが、思ったより若者はしつこいし、頼みの王様も、自分の味方はしてくれない。そこで仕方なく、寝室にまで通したが、あらら、不思議……。ベッドをともにしてみると「カエルのように醜かっただけのはずの若者が、素敵な殿方に見えてしまうわ」といったところか。

『いばら姫』でも、予言者カエルが、実は庶民階級の若者だったとしたら……？　王様とのあいだに子供ができず、不妊に悩んでいた王妃が、泉のほとりで庶民階級の若者と、隠れて……。予言どころか、このカエルは子作りのお手伝いまでしちゃったというわけだ。

75　「はしばみ」は金のなる木？

「願い事があったら墓に植えた木を揺すりなさい」といい残して死んだシンデレラの実母。グリムのシンデレラでは、この木が妖精の役目をして、彼女にドレスや馬車を与えている。

この木は、はしばみ。平たくて先がとがった茶色の実は、西欧では栗やクルミ同様、食用とされる。またドイツでは、生まれた子の富や幸せを願って植える、生命の樹でもある。

さて、フランク王国時代にさかのぼると、土地の譲渡の際に、その証に草木や小枝などを渡した。また、小枝は「分け与える」という意味をもっている。シンデレラがはしばみの小枝を受け取ったのは、母親の遺産を受け継いだことを表わしているのだ。時代背景から見ても、母親が結婚のときに持参した資産は、娘が受け継ぐという習慣にあっている。

はしばみがシンデレラの成長とともに大きくなっているのは、物語の見方を変えれば、管財人が資産を運用して増やしていたことになる。シンデレラはその資金をここぞというときに投じて、身辺を飾り、王子と出会うことで、人生の逆転勝利に賭けたのだ。

76 当時のヨーロッパではブルネットが美人の条件⁉

「髪が黒炭のように黒く、肌が雪のように白く、頰が血のように赤い……」

おなじみ白雪姫の冒頭だが、ここでちょっと疑問に思った人もいるのでは。欧米の美人の基準はブロンドじゃないの？　と。そう、基本的には中世のヨーロッパでも、ブロンドが人気だった。イタリアの女性たちは、髪をブロンドにするため、わざわざ夏の暑い時期に太陽の下に、髪を長時間さらしたほどだ。でも、十七世紀ごろからはブルネット（黒）も見直され、グリム童話の発行された十九世紀に入ると、ブルネット全盛期を迎えたのだ。

しかし、白雪姫のブルネットには、それ以上の意味を読み取ることもできる。髪の黒、肌の白、頰の赤の三色は、実はグリム兄弟の祖国、ドイツの国旗の色だったのだ（現在は黒、黄、赤の三色）。当時のドイツは、ナポレオン率いるフランス軍に占領されていた、一弱小国にすぎない時代。存在の不安定な祖国に対する強い思いが、白雪姫の容姿に現われたのかもしれない。

77 粉ひき屋は庶民の味方か？　敵か？

中世ヨーロッパの農村の風景には欠かせない水車小屋。

グリム童話のなかでも『長靴を履いた猫』や『金の毛が三本ある悪魔』、『手なし娘』など、水車小屋が登場する話は多いが、そののどかな水車小屋の裏にも、人々のさまざまな感情がうずまいている。

農民は収穫した小麦やライ麦を粉にするのに、ひきうすを使ってきたが、しだいに、より効率のよい水車小屋が、建てられるようになっていった。これは、農民が共同で建てたり、領主が建てたりしたものだ。

ところが、十五～十六世紀になるとドイツでは領主が、自分の水車小屋を強制的に使わせようとした。使用料をとろうというのだ。ひいて粉にしたうちの六パーセントは領主に納めなければならない。

ただでさえ重い税にあえいでいるところに、こんな規則ができ、しかも実際にはどうも返してもらう粉が軽すぎる。

ごまかされているのではないか。

農民たちは疑心暗鬼になり、不満をつのらせていった。

もちろん直接の不満は領主に対してではあるものの、その役目をになっている粉屋もうさん臭い目で見られていたのだ。「あいつも粉をくすねているのでは」というわけだ。しかも、粉屋は村の共同体には属さず、さまざまな特権が与えられていたので、よけいに反感をかったのだろう。

また、粉ひきの水車小屋のある場所も、粉ひきを一般庶民と線引きするのに一役かっていた。水車小屋は村のはずれにあり、当時、村の共同体から外れた場所は、悪魔や妖怪が跋扈《ばっこ》する場所だ、と思われていたからだ。

ただし、グリム童話のなかでは『手なし娘』の娘や『長靴を履いた猫』の末息子、『あわれな水車小屋の小僧と小猫』の小僧のように、粉屋自身より、その子供や見習いが主役であることが多く、彼らは悪いイメージでは描かれていない。その心の清らかさから、最後には幸せをつかむのだ。

そのストーリーからして、兵士や仕立屋などと同様、社会の弱者として、グリムは考えていたのかもしれない。

78

『いばら姫』や『三人の糸紡ぎ女』に見る糸紡ぎって、どんな仕事？

『いばら姫』で、糸巻きに刺されるのは処女喪失の暗示、という話をしたが、糸紡ぎといえば、ドイツでは冬の始まる聖マルチン祭から、春の復活祭（イースター）までのあいだ、村の娘たちの大切な仕事。村の共同の糸紡ぎ部屋に、若い娘が夜な夜な集まり糸を紡ぐ。男子禁制と、逢引に使われたのちのちの習慣のため、よりエロティックなイメージが強まってしまったが、当初の目的としては、ひとつ部屋に集まって、その辛い作業を少しでも楽しくしようとしたのだろう。

糸紡ぎがどんなに辛い仕事だったかについて想像するのに、うってつけの童話がグリムに収録されている。『三人の糸紡ぎ女』のあらすじをご紹介しよう。

ある糸紡ぎの嫌いな娘が、ひょんなことから王妃に「糸紡ぎの好きな働き者」と勘違いされ、「そんなに働き者なら王子の嫁に」と城へ連れていかれる。そして「好きなだけ紡いでよい」と膨大な麻を渡されて、娘は途方にくれる。するとそこに、奇妙な女が三人やってくる。「最初のひとりは片足が広くてぺちゃんこ、二番めは下くちびるが大きくアゴの下まで垂れ下がり、三番めは親指が大きく平べったい」のだ。三人は、王子との結婚式に自分たちを伯母だと紹介するなら、かわりに糸を紡いでやるという。娘は女たちに糸を紡いでもらい、約束どおりに結婚式に招待する。三人の奇妙な姿を目にした王子は、それが糸紡ぎのせいだと聞かされ、こんなに醜くなってしまうのなら、と娘に糸紡ぎを禁止する。娘は王子と結婚するうえに、糸を紡がなくてよくなった……。

この三人の女の風体は、亜麻を「撚って」は「舐め」、糸車を「踏んで」回して紡ぐ、糸紡ぎの労働の厳しさを象徴しているのだ。王子との結婚、糸紡ぎからの解放という二重の幸せを手に入れた娘のこの話は、怠け者のサクセスストーリーというよりは、当時の娘たちの切ない願望の表われだったのだ。

79 『いばら姫』にも出てくる名づけ親って、子供の味方？

名づけ親とは、日本でも聞く言葉だが、これがカトリックとなると、単に名前をつけるだけの役割には、終わらない。キリスト教の一員となるために「洗礼」を受けさせるときに、その子に名前を与え（十五世紀末までは、生まれてすぐに与えられた洗礼名が、そのままその子の名前となった）、それ以降は信仰上の父母として、その子の教育を中心に、バックアップする。

かつては、名づけ親に選ばれることはたいへん名誉なこととされ、名づけ子のためにいろいろな贈り物を用意した。『いばら姫』で、最初に登場する十二人の妖精たちが、生まれてきた子に美しさや優しさなどを贈っているのも、この風習の名残りなのだ。

名付け親に選ばれるのは、親戚や子だくさんの夫婦、地元の名士が多かった。この関係はなかなか濃厚で、子供のほうも、名づけ親の農作業を手伝ったりと、その親子としてのつきあいは一生つづく。しかも、実の親と名づけ親、名づけ親と名づけ子、それに名づけ親どうし（代父―代母）は精神的に親族とみなされ、この関係どうしでの結婚は、近親相姦とみなされて禁止された。たとえば、名づけ子の娘が成長して、代父が後添いにもらいたいナ、と思っても、それはＮＧだったのだ。

ところで、話に登場する名づけ親は、基本的には主人公を保護し、助けている。『死に神の名づけ親』に見られるように、たとえ人間に敵対する死に神であっても、名づけ子には成功を収めさせようとしている。

しかし、この信頼関係は一度崩れると、修復が難しかったようだ。前出の物語では、名づけ子が死に神を裏切ったとき、死に神は名づけ子に死を与えようとする。この危うい関係は、単に名づけ親が死に神だから、というわけではなく、一般の名づけ親と名づけ子のあいだでもおなじであったろう。

80 泥棒の子がつける職業は?

中世ヨーロッパでは、世襲制といって先祖代々の職業を子供が継いでいく慣習があった。なかでもおもしろいのは、泥棒まで世襲制だったことである。カエルの子はカエルというが、泥棒の子は泥棒になるしか術《すべ》がなかったのだ。だからといって、捕まればやっぱり罪は罪。理不尽なようだが、生まれ育ちのことは考慮されず、一般人とおなじように厳しく処罰されていった。

しかし、この時代、世襲制のみならず、戦争や圧政や飢饉のため土地を追われた者が、泥棒へと続々転職していった。彼らは、今よりもっと多かった森や山に身を潜めて暮らし、村や町、旅人を襲っては、盗みや殺傷を働いていた。

当然、社会背景を反映したグリム童話のなかにも、泥棒の話は多く出てくる。しかし、興味深いのは、徒党を組んでいる泥棒は、悪者として最後には制裁を受けているのに対し、一匹狼の泥棒は、むしろ知恵を働かせて、金持ちにいっぱい食わせるような、知恵者として描かれていることだ。これは、泥棒にならざるをえなかった、弱者である庶民の気持ちを代弁する一種奇妙な勧善懲悪物だったのかもしれない。

今でも、イタリアでは、スリは成功すれば罪ではないのだという。その手腕の見事さが、一種の芸術として評価されるためだそうだ。そういえば、日本でも三億円事件というのがあったが、あれは盗んだ金額の多さにもかかわらず、世間のウケは悪くなかったようだ。いつの世も、権力や金持ちに対して、鬱憤《うっぷん》をためているのは変わらぬようだ。

81 ヘンゼルに出された豪華な食事メニューとは？

ヨーロッパの美食の伝統は、各国の君侯や貴族が腕利きの料理人を雇って豪華な食事を用意させたことに始まる。イタリアのルネッサンス期の都市国家君主・メディチ家や十七世紀のフランス宮廷がそもそもの発端とされている。

それ以前の中世には、気候風土による食材の違いはあっても、料理としての差はほとんどなく、似たような料理法で同種のものが目立つ。十四世紀以降、イタリア、ドイツ、フランス、イギリスなどで出版された古い料理書を読み比べてみても一目瞭然だ。

これは、当時のヨーロッパ全土に普及していたローマ・カトリック教会の影響もあったろうし、各国の君主層に関しては婚姻政策などで各国間の交流が多く、それに合わせて料理人が交流していたためだろう。王侯貴族たちは大量の肉を食べ、小麦だけで作られた白いパンを常食にしていた。一方、一般の大衆は、もっぱら野菜や混ぜものの多い黒パンを食べ、蛋白質をチーズなどの乳製品に頼った。肉を食べる場合も、わずかな塩漬け肉を入れた野菜のごった煮風のものが多かった。

ご馳走イコール美食という方程式ができあがったのは十七世紀後半で、フランス革命後には、パリにレストランが誕生する。同時に各国ごとに料理の特徴が生まれた。この当時から、料理はフランスという定評があり、ロシアやドイツの宮廷ではフランス料理が幅を利かせていたという。

一八四七年にパリで刊行されたアントナン・カレーム著の『十九世紀フランスの料理芸

術』という本に記載された「一八二一年、ウイーンにおけるスチュワート卿の晩餐のメニュー」は「ガチョウのジブロット、マデラ酒風味とクネルのポタージュ、イタリア風というポタージュ二品。魚料理は舌ヒラメのイギリス風とオランダ風唐辛子。メインディシュは七面鳥のフィナンシェールソースに冷ハムのホウレン草添え。アントレは米のカソレット王妃風、家禽《かきん》のソテーリヨン風、燻製した子兎のエスカロープ、子羊の背肉のアスパラガス添え。ローストは二品でキジのローストのパンソースと若鶏のローストの卵ソース。アントルメは四品でアスパラガス、カリフラワーのパルメザンチーズ入り、プディング・ドウ・キャビネ、オレンジゼリー。さらに番外で箱入りフォンデュが加わった」と書かれている。まさに王侯貴族の豪華なメニューだ。ヘンゼルに出されたご馳走も、こうした美味が並んでいたのだろう。

82 童話に登場するさまざまな職人たちの暮らしぶりは？

中世ヨーロッパでは、都市の発達にともない商業や手工業が活発になった。ドイツでは手工業技術は、キリスト教の修道僧たちから受け継がれたもので、十三世紀には各手工業者のあいだで親方、職人、徒弟の厳しい身分秩序ができあがった。親方の下で修行を終えて徒弟から一人前になった職人は、親方になるまでのあいだ、修業の旅に出て、さらに技術や人生の経験を深めた。

職人たちの旅は、ドイツを離れて他国へ行くこともあり、彼らはヨーロッパ各地の文化、伝説、民話を吸収して伝承する役目も果たした。中世の民衆本といわれる『ティル・オイレンシュピーゲル』は、旅の職人たちの談笑のなかから生まれたものだという。

新たな技術と需要が、手工業の専門化をうながして、業種の増加は才能ある職人に親方への地位の上昇のチャンスをつくった。金属加工の分野では、鍛冶屋が早い段階から鉄、銅、金、銀の細工師に分かれた。また、蹄鉄、武器細工師から錠前師が分離、弓師とハンダづけ師も分離した。

ニュールンベルグでは、鉄加工業から刃物師、刀剣師、甲鎧師、兜鍛冶、拍車造り、釘、鍋師が誕生。装飾界では、錫職人、象牙彫り師、画家、彫刻家がギルドを造った。十五世紀末になるとコンパス細工師、羅針盤や時計の職人が生まれた。

各職人の組合は、親方が誇りと自覚をもって規則や技術にのっとった堅牢で長もちのする製品を造り、材料や値段を偽って買い手に損をさせるような商品は造らなかった。

親方の仕事場に徒弟として入るには、三つの条件が必要だった。ひとつめは男性であること、ふたつめはキリスト教徒であること、三つめは自由民の生まれであるという三条件だ。

徒弟は親方の仕事場に空きがあれば、採用されて四年から六年ほどの徒弟期間を勤めた。徒弟から職人になるときは、盛大な儀式で祝われて一人前になり各地へ修業の旅に出た。修業中の職人は、仕事場から仕事場を回って技を磨いた。ドイツでは職人仲間の相互扶助が強く、独自の集会所や酒場をもつなど横のつながりを強めて、親方から多くの特権を得ていた。

中世後期からフランス革命当時ともなると、親方の世襲制が進んで職人のままで終わる者も増え、夫婦共働きで生活する労働者の階層が生まれた。産業革命以前のヨーロッパにあって職人は、立派な手工業者で、あらゆる部門に進出していた。このため昔話や童話にはさまざまな職人が登場する。

グリム童話の『おぜんやごはんのしたくと金貨を出すロバと袋の棍棒の話』は、仕立屋の三人の息子が指物師、粉屋、ろくろ細工師に奉公して一人前になるとき、親方から不思議な力をもったお膳、棍棒、ろばをもらい旅に出る話だし、『三人の職人』では修業を終えて故郷に戻った兄弟が、それぞれ名人芸を披露する話だ。

83 のみ・しらみのいない人は珍しかった!?

中世ヨーロッパでは、風呂の習慣はなかった。体を清潔にするための入浴という発想は、十九世紀になってからのもので、中世では教会に入る前の清めの儀式に近かった。月に一度入浴する女王陛下が、極度のきれい好きといわれたことからも、その不潔さはわかる。

こんなだから、庶民が頭にのみやしらみを飼っているのは、当然のことで、それもかゆさが我慢できなくなるまで、放っておいた。

グリム童話のなかにも、そのままズバリ『しらみとのみ』という話が収録されている。ほかの動物とおなじように擬人化されて、しらみさんとのみさんの夫婦が、ごく普通に登場している。

だが、それがかえって、しらみやのみがイヌやネコとおなじように、とても身近なものだったことを示しているかのようだ。

聞くだけでカユイ話である。

第IX章

グリム兄弟の謎

84 グリム兄弟の本職はなんだったのか？

童話作家として世界的な名声を博したグリム兄弟だが、意外なことに本業は童話作家ではない。おそらく本人たちも自分を童話作家とは認めていなかったろう。では、彼らの本業は何だったのか。

グリム兄弟に「あなたがたの職業は何でしょうか？」と質問したら、ふたりは口を揃えて「学者です」と答えるに違いない。事実、彼らはゲッティンゲン大学を振り出しに、多少の中断期間があるものの大学の教壇で教鞭を取っている。

マールブルグ大学を中途退学したヤーコプは、ヘッセン国陸軍省の書記補になるが、一八二九年ゲッティンゲンに移り、大学図書館司書官兼正教授になった。弟のヴィルヘルムも翌一八三〇年に副司書官兼助教授になる。当時、ゲッティンゲン大学はヨーロッパにおける最高の学問機関のひとつとされて、多くの高名な教授が教壇に立っていた。

兄弟は『ドイツ文法』や『ドイツ法律古事誌』、『ドイツ英雄伝説』などの著書で学会で知られていたが、身分はカッセル選帝侯図書館の司書にすぎなかった。大学図書館の司書になるには、教授の資格が必要だったが、それなしにふたりが抜擢されたのは、彼らの学問的業績が認められたためだった。

一八三五年にはヴィルヘルムも正教授に昇格した。ヤーコプは、ここで文学史を講義したが、学生を相手に講義をするよりは自分の研究に力をそそいでいたようだ。友人への手紙に「講義は喜びを与えず、多くの骨折りを与えます。私は講義から何も学びません。決まった時間に教壇に登るのは芝居じみていて嫌いです」と書き送っている。

ヴィルヘルムは「歴史と文学」について講義をしたほか中世ドイツ詩の講義を受け持ったが、病弱だったので休講が多かった。しかし、兄のヤーコプのように教壇に立つのは嫌いではなく、楽しく講義をしていたようだ。

兄弟の教授就任によって生活は安定の兆しを見せはじめたが、ハノーファー国王の反動的政策に反対して教壇を追われることになった。

しかし、一八三二年以後、兄弟はベルリン科学アカデミーの在外通信会員になっていたところから、思いがけない救いの手が伸びた。プロイセン国王が、ふたりをベルリン大学の教授に招いたのだ。同時に言語、文学、歴史の分野における文筆上の業績を認めてベルリン学士院の正会員に任命された。

ベルリンに移ってからもヤーコプの講義嫌いは直らず、最初は興味をもって集まってきた学生も一カ月もすると三十人ほどに減ってしまった。ヤーコプ自身は「私の講義は必修科目でないから、それでいいでしょう」といっている。ヴィルヘルムのほうは熱心に学生を指導して、そこそこの成果を挙げている。ふたりの講義は資料や原典に密着した地味なものだったので、人気抜群の講義とはいえないが、人格的な魅力で学生の人気を集めた。

ヤーコプは、神話学、文法、ゲルマニアについて一八四八年まで講義をし、六十三歳で教壇を去った。ヴィルヘルムのほうは、一貫してドイツ中世文学の講義を行ない、一八五二年、六十六歳で講義を終えた。

85 まるで同性愛? ヤーコプとヴィルヘルムのアブナイほど強い兄弟愛の真相

「兄さんが行ってしまったとき、ぼくは胸が張り裂けるかと思いました。ぼくは我慢できません。ぼくが兄さんをどんなに愛しているか、兄さんにはきっとわからないでしょう。夜、一人でいると部屋の隅から兄さんが出てくるように思えます」

この手紙は、兄のヤーコプが担任の歴史学教授・ザヴィーニの研究を助けるため一時、パリに滞在した際、十九歳の弟・ヴィルヘルムが兄にあてたものだ。まるで恋人にでも出すような手紙である。

これに対して兄のヤーコプも「これからは、ぼくたちふたりは決して離れまい。ぼくたちのうちひとりをどこかへ連れて行こうとする者がいたら、もうひとりがすぐ反対しよう。ぼくたちは、共同生活に慣れているので、ひとりになっただけで死ぬほど悲しくなるのだ」という返事を出している。

ヤーコプとヴィルヘルムは一歳違いだったが、終生深い兄弟愛で結ばれていた。グリム家の六人兄弟はいずれも仲の良い兄弟だったが、特にこのふたりは特別だった。

グリム兄弟の父は、法律家でドイツのハーナウで弁護士を務め、のちにシュタイナウの伯爵領の管理官兼司法官になった。ヤーコプ六歳、ヴィルヘルム五歳の年だった。それからの五年間は彼らにとって何不自由のない幸福な毎日がつづいた。兄弟はこの時代を終生懐かしく回顧している。

しかし、幸せは長くつづかず、一七九六年、一家の大黒柱だった父が、わずか四十五歳で病死する。とたんに一家は、苦境のどん底に追いこまれた。十一歳のヤーコプと十歳のヴィルヘルムは、母を助けて一家を背負わねばならなかったが、幼いふたりにはどうすることもできない。たちまち生活は困窮した。

十一歳のヤーコプは、ヘッセン国の宮廷で女官長をしている伯母のヘンリエッテ・ツィンマーに手紙を書き、一家を助けてくれるように頼んだ。ヘンリエッテ伯母は、独身で女官長という仕事柄、経済的にも余裕があり、暖かい人柄だったので、ヤーコプの手紙に感心して援助を約束して、一家に仕送りをつづけた。兄弟が大学で学び、身を立てることができたのも、この伯母の力による。

当時、一家が住んでいたシュタイナウでは十分な教育が受けられないため、伯母はヤーコプとヴィルヘルムをヘッセンの首都・カッセルに呼んで、ふたりを現地の高校に入れた。兄弟は、母や弟たちと別れてカッセルに向かい高校へ入学した。ふたりは、早く就職して母を助けるために懸命に勉学に励んだ。優秀な成績を挙げた兄弟は、十七歳の年に飛級でマールブルク大学に入学する。過度の勉強のためヴィルヘルムは持病の喘息を患うが、兄弟助け合って卒業をめざした。

感受性豊かな十代前半に父を失い、ふたりで母を助けた苦労と青春時代を一緒に乗り越えた思い出は、一歳違いの兄弟を一心同体にした。パリから寄せられた兄の手紙を読んだ弟は、「今後は一生離れないようにしようという兄さんの手紙は、ぼくを感動させました。それこそいつもぼくが抱いている願いです。兄さんほどぼくを愛している人はなく、同様にぼくは兄さんを心から愛しています」と返事を書いている。

母亡き後、男兄弟の面倒を見た末っ子の妹シャルロッテや、ふたりがゲッティンゲン大学の教授の座を追われたとき自宅に引き取って面倒を見た末弟のルートヴィヒなど、それぞれに兄弟愛を示しているが、それを遥かに超える結びつきが二人のあいだにはあった。

ふたりが強く結びついたのも父の死後、家族から離れて苦学をしなければならない環境に追いこまれたこと、同時に故郷をも失ったことに対する補償作用だったと見ていいだろう。ふたりは、若き日の願いどおり弟のヴィルヘルムが病没するまで、ひとつ屋根の下で生活をともにし、協力して創造的な仕事を完成させた。

86 ヤーコプ・グリムが終生独身を通した理由

グリム兄弟のうち四人の弟と末の妹はそれぞれ結婚して家庭を営んだが、長男のヤーコプだけは、どういうわけか一生独身で通した。彼の独身生活は当時の友人たちにも不思議がられていたようで、「ヤーコプは研究と著作に忙しすぎて、結婚する暇がなかったのだろう」と冗談をとばされるほどだった。

弟のヴィルヘルムが「兄さんは、鉄の勤勉さの持ち主だ」といって、やや社交性に欠ける点や頑固で偏屈なところを惜しんでいたが、その点を除けば優しさに満ちた人柄で、さっぱりした男らしい人物だった。ヤーコプが、ドイツ文学者会議の議長に二度選ばれている点や国民議会の代議員に選出されたことから考えても、彼は多くの友人や支持者に恵まれ、決して孤立した存在ではなかった。女性に対して消極的な面もうかがわれたが、ロマン派の才女と当時評判だったベッティーナをはじめ、女友達も少なくなかった。カッセル時代には多くの女性を招いての読書会「金曜日の花輪」を主宰していた。

また当時、母の親戚筋にあたるルイーゼ・ブラートフィッシュにプロポーズもしている。ヤーコプの結婚申し込みは、ヘッセン公爵家の女官として宮廷に勤務していたルイーゼが勤めを辞めるのを嫌って、彼のプロポーズを断ったため破談になった。普通なら気まずい関係になるところだが、その後もふたりは仲の良い友人として交際をつづけている。

一八二五年、ヴィルヘルムが三十九歳で昔なじみのドロテーア・ヴィルトと結婚した。ドロテーアは、グリム兄弟に『ヘンゼルとグレーテル』、『ホレおばさん』などの民話を聞かせてくれた昔なじみのドルトヒェン（ドロテーアの愛称）である。ヤーコプは、ドルトヒェンを実の妹のように愛し、ヴィルヘルムの結婚後も新家庭に同居して財布をドルトヒエンに預けるほど信頼していた。

彼は、ヴィルヘルムとドルトヒェンのあいだに生まれた三人の子供からもアパパと呼ばれて親しまれた。非社交的でやや頑固な一面をもつヤーコプだったが、子供たちに対しては冗談をいったり、一緒に遊んだり、よく子供の面倒を見た。

ヤーコプが終生独身を通したのは、もともと女性に対して淡泊な性格だったことに加えて、結婚を決意したルイーゼ・ブラートフィッシュへのプロポーズが破談になったためと思われる。ルイーゼ以外に、最愛の弟とその家族と別れてまで結婚したいと思う女性が現われなかったわけだ。

87 グリム兄弟、ふたりの性格は正反対だった？

ヤーコプとヴィルヘルム兄弟は、一歳違いだったため、兄のヤーコプが大学へ入学した時期の一年間と、兄弟のうちのどちらかが旅行などに出た期間を除いて、終生ひとつ屋根の下で仲むつまじくすごした。

これほど深く結びついた兄弟は他にいないが、ふたりの性格は大分違っている。兄のヤーコプが十一歳、弟のヴィルヘルムが十歳の年にふたりは父を失って、幼い弟妹の親がわりを務めなければならない状況に追いこまれた。長男で性格的に強いヤーコプは、自然に父親役を務め、優しいヴィルヘルムは母親的な役を務めるようになった。

ヤーコプは、体つきも顔も小さく引き締まってやせていた。外見はエレガントだったが、芯は強く、丈夫できびきびと行動した。当時、ドイツに鉄道が普及していなかったが、そんなハンデを乗り越えて外国に七回も旅行している。本業の大学教授としては、学生に講義するより自分の研究に打ちこむほうを好んだ。

その結果、研究著作上の業績は多面的だった。芯の強い性格は、しばしば意固地と誤解されたが、根は人の好い善人だった。社会的にも反動政権と対決してゲッティンゲン大学を追放されたが、学問の自由を主張する七教授の中心人物として活躍した。その後もドイツ文学者会議の議長、フランクフルト国民議会の代議員として大きな足跡を残す。

一方のヴィルヘルムは、背が高く体つきや顔だちはふっくらとしていた。病弱であったため動作は緩慢で、ヤーコプの精力的な言動とは対照的だった。仕事のうえでは集中力を発揮したが、自分が病弱だとわかっていたせいか、すべてに控えめだった。大学での講義と研究に打ちこんで対外的な活動はせず、もちろん旅行などもしなかった。

強い性格のヤーコプは、孤独を恐れず、書物に没頭することに世俗を超えた幸福を感じていたようだ。ヴィルヘルムのほうは、家庭をもち夫として父として家庭の喜びと悩みを味わった。

常にふたりで行動した仲のよい兄弟だったが、ふたりの違いを最も象徴的に表わしていたのが、散歩の仕方だった。ヤーコプは、せっせせっせと足早に歩き回り、ヴィルヘルムは病気がちの体をいたわってゆっくりと歩を進めた。対照的な散歩の仕方のため、さすがに仲のよいふたりも生涯、散歩だけは別々にやっていたという。

88 童話作家グリム兄弟の意外な政治への参加

グリム兄弟のなかで一番長命だったヤーコプが生まれた一七八五年から、没した一八六三年にいたる時代は、フランス革命に始まってナポレオンのヨーロッパ全土の征服、ナポレオンの没落と七月革命、プロシャとオーストリアとの戦争など、ナショナリズムの誕生の時代であった。兄弟の青年期、ドイツはナポレオンの軍隊に征服されてフランスの統治下で苦悩していた。

やがて、独立を回復すると、小国家群に分裂していたドイツの統一が叫ばれるようになった。こうした時代背景に際して多くの民衆は当然、強い祖国愛を抱く愛国者となっていった。グリム兄弟もその例にもれず、強い愛国心をもっていた。ヴィルヘルムは病弱だったために学究生活の他の活動は少なかったが、精力的なヤーコプは学問以外の分野にも積極的に進出した。

一八四六年、自由市フランクフルトで第一回ドイツ文学者会議が開かれ、ヤーコプもこれに出席した。この会議は精神の振興による祖国の統一と政治的復興をめざしたもので、席上ヤーコプは「ドイツは民族大移動以来、多くの英雄を送り出し、繰り返し決戦の場となった。我々は学問を通じてドイツをより発展させる使命がある」と発言した。

一八四八年、ヤーコプはウイーンの学士院名誉会員になり、国民議会の代議員に選ばれた。当時、民衆のあいだではドイツ民族統一の機運が高まっていた。ヤーコプらも積極的に政治参加したのだ。

彼はデンマーク王の支配下にあったドイツ人居住区のシュレヴィッヒ、ホルシュタイン地方のドイツ連邦加入を強調したが、聞き入れられず代議員を辞任した。

ヤーコプは、実力のあるプロイセンを主体にしてドイツを統一するのが、最も実現の可能性が高いとして帝政を支持していた。しかし、晩年は帝政による反動に批判的で「私は年をとればとるほど、いよいよ民主的な気持ちになる。もう一度国民議会に出ることがあったら、ドイツの民主化につとめたい」と語っている。

一八四八年に刊行した自著『ドイツ語の歴史』の序文に、ヤーコプは「今、不自然に分割されているドイツが、国民の自由のもとで統一されることが我々の宿願である」と熱烈な愛国の心情を書き綴っている。この兄弟の祖国愛、国家統一の夢がグリム童話集のなかには、まざまざと表われている。

89 童話より面白い？ グリム兄弟の貧乏苦労話

前にも述べたが、グリム兄弟は、ヤーコプが十一歳、ヴィルヘルム十歳のとき父親を失っている。本来なら、初等教育を終えたところで仕事につかなければならないところだが、ヘッセン王国の女官長を務めていた伯母の援助で、カッセルの名門リュツウム（高等中学校）に進学することができた。リュツウム進学直後、父親がわりだった祖父が病死して家族たちの将来がヤーコプとヴィルヘルムの双肩にかかることになった。

ふたりは、伯母から送られてくる学費を切り詰めて家族に送っていた。そのためにぎりぎりの生活で毎日をすごさねばならなかった。彼らは狭い下宿のひと部屋に同居してベッドもひとつを共有した。グリム家の社会的な地位がそれほど高くなかったため、マールブルク大学に入学するときは、特別な許可が必要だったし、大学に入ってからも裕福な家の子弟が奨学金を得ていたのに対して、彼らは成績優秀だったにもかかわらず自分で教育費を稼がなければならなかった。教授や助教授の研究の手伝いや学生仲間の使い走りなどのアルバイトにはげみ、生活費の足しにしていた。他の学生がビヤホールなどで酒を飲んでいるのに兄弟は下宿で勉強、着るものも買えないので、着のみ着のままの生活だった。

一八〇六年、ヤーコプはついに生活に困って大学を中退、カッセルに引っ越してきていた家族のもとに帰り、ヘッセン国陸軍省の書記補になった。薄給のポストだが、家族を養わねばならないヤーコプには贅沢をいう余裕はなかった。

ヴィルヘルムは、大学を卒業して法学の学位を取得したが、成長期の栄養不足から喘息を病んでいた。ヤーコプは家族を養いながら研究をつづけ、一八一一年に『古いドイツの職匠歌について』を出版。ヴィルヘルムも『古いデンマークの英雄歌』、『物語詩とメルヘン』を、一八一二年には兄弟の共著で『第八世紀の二つの最も古いドイツの詩、ヒルデブラントの歌、及びワイセンブルンの祈り』、『グリム童話集』第一巻を出版している。ところが、兄弟の研究書は印税をもらえるほど売れず、あてにしていた童話集も出版社にだまされて原稿料はほとんど手に入らなかった。

このころヴィルヘルムは、カッセルの伯母に貧しい生活の実情を記した手紙を送っている。それによると「家族五人で三人分の食事を一日に一回だけ食べるという毎日です。朝、食事をしてから五時の夕食までお腹がもたないので、朝食のうち何かひとつを食べずに取りのけておくことにしてます。ヤーコプは朝食だけは食べますが、あとは何も食べません。私たちはコーヒー一杯とパン一個ですましています。砂糖は高くて買うことができないのでお茶は飲みません。着るものもなかなか手に入らないので、破れていない下着や上着は交代で着ています」とある。よく栄養失調にならなかったものだと感心するほどの貧窮生活だ。

こうした生活のなかで兄弟は『ドイツ伝説集』（共著）、『ドイツ文法』、『ドイツ法律古事誌』（いずれもヤーコプ著）、『ドイツ英雄伝説』（ヴィルヘルム著）を出版している。のちに兄弟はゲッティンゲン大学の教授になるが、一八三七年にハノーファー国王への絶対服従の誓いを拒否して大学を追われる。結局、兄弟の貧困生活は弟や妹が独立するまでつづくのである。

90

嫌われても必死! 童話収集の泣き笑い

グリム兄弟は、ふたりで手分けして民話を収集した。

童話の素材となった民間に伝承されている民話を収集する作業は、時間がかかり多くの協力者の好意に頼らなければならなかった。ヴィルト家のグレーチヒェンやドロテーアのように自分から話を提供してくれる人たちも多かったが、なかにはグリム兄弟にしつこく話をせがまれて怒ってしまう人もいた。

特に学究肌のヤーコプは、収集した民話を民俗学上の学問的な資料にしようと考えていたため、民話の提供者に多くの質問を浴びせ困らせる傾向があった。兄弟は妹のロッテがマーブルグへ旅行した際に、同地に住む民話好きのおばさんから話を聞いてくるよう依頼したが、ロッテはひとつも話を聞くことができないまま帰宅した。

兄弟は妹の無能さに憤慨して、今度はヴィルヘルムがマーブルグへ向かった。しかし、ヴィルヘルムもこの老婆からふたつ話を聞き出すのが精一杯だった。老婆は大人が昔話に興味をもつなど異常であり、不真面目だと思って快く協力する気持ちになれなかったようだ。

こうしたこともあり、兄弟の民話収集の範囲は、親しい間柄の家族や女性に限られることになった。兄弟に民話を提供した男性は少ないが、これも男性のあいだでは民話など低級な文化遺産と思われていたためだろう。数少ない男性の提供者のなかに、龍騎兵軍曹のクラウゼ氏がいる。彼は七十歳の老人だったが、兄弟に『老犬ズルタン』と『金の山の王様』という話を語った。兄弟はこの老人に民話を提供してもらったお礼に、自分たちの古着を贈っている。老人からの礼状からわかったことだが、兄弟は見知らぬ提供者には、苦しい家計のなかからお礼の品を贈っていたようだ。

兄弟は、民話を知っていそうな遠近の知人や出入りの人たちに話をせがんで、人々を閉口させることも少なくなかった。兄弟は旧友のパウル・ヴィーガントに子供が産まれたと聞くと「君は、きっと乳母を頼むと思うけど、そういう女の人は昔話や民話を知っているはずだから聞き出してくれ」と注文した。

ヴィーガントは、雇った乳母に話を求めたが、民話や昔話はほとんど知らないという。困った彼は、苦しまぎれに話をふたつほどまとめてグリム兄弟のもとに送った。ふたつのうちのひとつはドイツの伝承民話どころか、なんと千一夜のアラジンの話だったので、兄弟は苦笑するよりほかなかった。

91 童話集製作を支えた弟妹たちの素顔

グリム兄弟は、本来九人兄弟だった。

ヘッセン国のハーナウで弁護士をしていたフィリップ・ヴィルヘルム・グリムとヘッセン国の官吏・ツィンマーの娘・ドロテーアは、淡いロマンスの末に結ばれて一七八三年二月に同地で結婚した。このふたりがグリム兄弟の両親だ。ヴィルヘルムとドロテーアは円満な家庭を築き、十三年間の夫婦生活のあいだに九人の子をもうけた。

長子と七男、八男が幼児のうちに病没したため、次男のヤーコプが長男に、三男のヴィルヘルムが次男になった。成人したのは、以下三男のカール、四男・フェルディナント、五男・ルートヴィヒ、長女・シャルロッテの六人だった。ヤーコプからフェルディナントまでは年子で、ルートヴィヒはフェルディナントと二歳違い、末っ子のシャルロッテはルートヴィヒより三歳下だった。

六人の兄弟仲はきわめて親密で、愛情にあふれていた。ずばぬけて優秀だったヤーコプとヴィルヘルムにつづくふたりの弟は凡庸で、カールは商人として修業を積んだのち、簿記や英仏語の教師で生活し一生独身ですごした。

フェルディナントは筆跡がきれいなところから、兄たちの紹介で、グリム童話を出版したベルリンのライマー書店の文書、校正係を務めた。グリム兄弟が著わした『ドイツ伝説集』にはいくらか貢献したようで、ヤーコプはその序文で、「弟のフェルディナントたちに感謝する」と記している。だが、彼はむら気で風来坊的な性格だったので、生活が安定せず金銭的に兄たちに面倒をかけつづけていたようだ。

末の男の子だったルートヴィヒは、絵の才能に恵まれてカッセルの美術学校の教授になった。ヤーコプとヴィルヘルムがゲッティンゲン大学の教壇を追われたときは、ふたりを自宅に迎えて亡命生活を助けている。彼は、グリム兄弟の肖像画を数多く残しているほか、自分の身の回りにいたドイツ・ロマン派の人々を描いている。なかでも、友人だった詩人のハイネを描いた肖像画は、出色の出来と評判が高い。

ルートヴィヒは、幼いころはかなりのヤンチャ坊主だったようだが、きわめて人好きのする人物に成長した。「誰でも彼に好意をもたずにはいられない」と兄のヴィルヘルムは著書に記している。兄弟の子供時代にグリム家のお手伝いさんをしていた老女は、美術学校の教授になったルートヴィヒに会って「グリムのお子さんのなかで一番の乱暴者のルートヴィヒ坊ちゃんが、立派になられて……」とうれし涙をこぼしたという。

ヴィルヘルムの子のヘルマン・グリムによれば、ルートヴィヒはかなり多くのグリム童話の挿絵を描いたようだが、挿絵として童話集に発表されたものは、再版の作品に載った『兄さんと妹』と縮刷版に掲載された七点だけだ。挿絵の数が少ないのは、彼が自然の風景や人物を描く画家であり、挿絵は本業でなかったためだろう。

末っ子のシャルロッテは、男兄弟のなかのただひとりの女の子だったから、兄たちにロッテと呼ばれて可愛がられた。ロッテは、カッセル政府の高官だったヨハネス・ハッセンプルークの娘と友人だった。ハッセンプルーク家の娘たちは、グリム兄弟が収集していた昔話を数多く知っていて、兄弟の童話収集に熱心に協力した。特に長女のマリーは、優れた童話の語り手でグリム兄弟を喜ばせた。次女のジャネットも童話収集に熱心で、数々の童話を集めて兄弟に提供した。ロッテは、三歳の年に父を失い、十五歳で母を失ったが、両親亡きあとは男ばかりの兄弟のなかで家事を務めて懸命に働いた。

グリム家とハッセンプルーク家の交際が親密になり、マリーの弟のルートヴィヒ・ハッセンプルークもグリム家に出入りするようになった。ここでルートヴィヒとロッテのあいだにロマンスが芽生えて、ふたりは結ばれる。ロッテが二十九歳の年だった。

このルートヴィヒは、グリム兄弟の影響で古いドイツの悪漢小説などの復刻をやったが、官吏としてもきわめて有能で、三十六歳で早くもヘッセン国の内務、司法両大臣を兼任するほど出世した。彼の施策は極端に保守的だったため、自由主義的なグリム兄弟とは考えが合わず、のちに疎遠な間柄になった。

92 アンデルセンとグリム兄弟の微妙な関係

三十歳の年から約四十年にわたって百五十ほどの童話を創作。『みにくいアヒルの子』、『マッチ売りの少女』、『人魚姫』などで知られるデンマークのアンデルセンが書いた童話の多くは、作家の洞察力や内的な経験から生みだされた創作である。この点では、あくまでも民話や伝説を収集して物語に仕立てたグリム兄弟とは根本的に違う創作姿勢だ。

アンデルセンは、グリム兄弟より二十歳年下にあたり、おなじ童話を制作する立場もあってグリム兄弟を尊敬していた。デンマークとドイツは国境を接している隣国どうしだが、当時の国際情勢と交通機関の状況から頻繁な交際は実現しなかった。

アンデルセンが、グリム兄弟と会ったのは一八四四年、彼が初めてベルリンに滞在したときだった。このときアンデルセンは三十九歳、グリム兄弟はヤーコプが五十九、ヴィルヘルムが五十八歳だった。彼はその自伝で「誰かがベルリンで私を知っているとすれば、それはグリム兄弟だろうと、私は信じていた」と書いているが、現実は厳しかった。

すでに小説『即興詩人』や『絵のない絵本』、数々の童話作品で有名になっていたアンデルセンは、グリム兄弟も自分を知っていてくれていると思いこみ、紹介状もなしにグリム宅を訪問した。応対に出たのはヤーコプだったが、アンデルセンの名を聞いても「お名前を聞いたおぼえはありません。何をお書きになりましたか?」という始末だった。

ヤーコプより童話の世界に詳しいヴィルヘルムだったら、アンデルセンの名を知っていただろうが、この初対面の会見はバツの悪い結果に終わった。しかし、のちに事情を聞いたヤーコプは、アンデルセンの心情を思い、数週間後にコペンハーゲンのアンデルセン宅を表敬訪問している。

また、一八四五年にアンデルセンがベルリンへ行ったときには、ヴィルヘルムも旧友として会見、「あなたがこの前ベルリンにいらしたとき、私のところに来ていたら、私はあなたを歓迎していたでしょう」といった。しかし、童話に対する考え方は百八十度違っていたため、両者が本当にうちとけあう間柄にはならなかった。

ヴィルヘルムは息子のヘルマンが書き留めてきた童話『まめの上にねたお姫様』を一八

四三年刊のグリム童話（第五版）に『まめの試験』というタイトルで載せたが、この作品がアンデルセンの創作だと知ると一八五〇年版で削除した。民族の伝説・民話を基本とするグリムの童話に対して、創作のアンデルセン童話は掲載の価値がなかったのだろう。

93 グリム兄弟の晩年は？

晩年のグリム兄弟だが、ヤーコプもヴィルヘルムもベルリンにあって『ドイツ語辞典』の制作に当たっていた。一八五九年の秋、ヴィルヘルムは短期の旅行に出たが、帰宅後に体調をくずして病の床につくようになった。病気は背中にできた腫瘍の悪化で、十二月に入ると重体になった。

息子のヘルマンは、ハンブルグへ旅行に出ていたヤーコプを呼び戻すとともに、カッセルにいた末弟で画家のルートヴィヒに、父を力づける手紙を書いてもらいたいと伝えた。

ヴィルヘルムの病状は一時は小康状態を保ったものの、十二月十六日に容態が急変、七十三歳で息を引き取った。

ヴィルヘルムの死は、ヤーコプを打ちのめした。彼は『ドイツ語辞典』の協力者のヴァイガント教授に、「ヴィルヘルムが、私の半分が死にました」と手紙を出し、弟子の文献学者・ゲーデケにも、「私たちは、子供のときから一体だったので、私にとって今は、すべての糸が切断された思いです」と書き送っている。

ヤーコプはヴィルヘルムの死後、自分の聖書の裏表紙に、「この最愛の弟のあとを私は間もなく追って、彼のそばに横たわりに行くだろう。生前ほとんど一体であったように」と書きこんでいる。だが、健康なヤーコプに死はなかなか訪れなかった。

一八六三年の四月には、末弟のルートヴィヒが没した。六人兄弟のうちで、残ったのは長兄のヤーコプただひとりになってしまった。

彼は七十八歳になっていたが、孤独に耐えて著作と講演に励んでいた。一八六三年の秋に旅行に出て元気に帰宅したが、風邪から肝臓に炎症を起こして床についた。

病気中に血行障害の発作を起こして半身不髄になり、一八六三年九月二十日、七十八歳の生涯を閉じた。

ヤーコプは、遺言どおり最愛の弟が眠るベルリンのマーティ墓地に埋葬された。偉大な童話作家の墓標は簡素な墓石に姓名と没年を記しただけのもので、弟のヴィルヘルムの墓石と双子の兄弟のように並んでいる。

第X章

グリム童話
おもしろ番外話

94

消えた「もうひとつのグリム童話」の謎

グリム兄弟が、最初の童話集を発行したのは一八一二年の初めだった。

だが、この三年前にアルベルト・ルートヴィヒ・グリムという人物による童話集『子供の童話』が発売されていた。このA・L・グリムという人物は、グリム兄弟とは何の関係もない同名の異人だ。『子供の童話』は値段が安かったために、後発のグリム兄弟の作品がこれに食われて、売れ行きがいまひとつパッとしない事態を生じたという。

A・L・グリムは高校の教師をしながら童話を収集し本にまとめた人物で、一八〇九年にその第一作の『子供の童話』を刊行した。彼はグリム兄弟の弟のヴィルヘルムと同年で、兄弟と同様にドイツ・ロマン派の文学者たちと交流があった。後年には圧倒的な差がついてしまったが、当初はグリム兄弟の作品と同様な人気で本の売れ行きも五分の状態だった。

同時代のドイツの作家として知られるヘルマン・ヘッセの夫人、ニノン・ヘッセが編集した『グリム以前と以後のドイツ童話』という作品のなかでも、A・L・グリムの作品は同書の第一部『グリム以前の童話』の部で最も多く取り上げられて、解説でも好意的に紹介されている。彼の『子供の童話』は、一八四〇年には画家のポッチ伯爵の挿絵つきで発売されて版を重ねた。また、彼が一八二〇年代に訳編した『千一夜の童話』は、一世紀経った第一次世界大戦後にも出版されて十二版を重ねたのだから、それなりの才能と人気を維持していたといわねばならない。A・L・グリムの作品には、ほかにも『聖書物語』『子供のための童話文庫』などがあり、児童文学に対する功績は見逃せない。現在から見ればA・L・グリムの最初の作品『子供の童話』は質、量ともに貧弱だったが、半世紀にわたり読者に愛されつづけた。グリム兄弟は、A・L・グリムの童話集に注意をはらっていたが、自分たちの作品とは異質のものであると思っていたようだ。

いずれにしてもこの時期に童話が各作家の手によって続々と発表されたのは、民族の文学的な宝である民話やメルヘンを収集、刊行しようという機運が盛んになっていたからだ。

では、同様な傾向にあったふたつの作品のうち、グリム兄弟の作品が不朽の名作として後世に残ったのに対して、A・L・グリムの作品が歴史のなかに埋もれてしまったのは、なぜだろうか。答えは明らか。グリム兄弟の作品は簡潔をむねとし、文学的であるのに対し、A・L・グリムの文章は、冗長で教訓的な要素が強すぎたため、読者は離れ、忘れ去られたのである。

95

十九世紀初頭にドイツで童話ブームが起きた理由

グリム兄弟に先駆けてフランスで童話を刊行したペローは、十七世紀後半に活躍したペロー四兄弟の末っ子だった。彼は十七世紀末に流行した妖精物語に刺激され、民間伝承に素材を求めて一六九七年に『眠れる森の美女』や『長靴をはいた猫』、『シンデレラ』、『赤頭巾』などの童話を書いた。グリム兄弟の童話集が発行される百十五年前のことだ。

ペローの童話は、グリム兄弟に良きにつけ悪しきにつけて微妙な影響を与えている。たとえば、グリム童話集の初版に載せられた『長靴をはいた雄ネコ』はペローの話にもとづいていたため、再版のときには削られている。これは兄弟が、ドイツの民間伝承の民話を集めた童話集ということに固執したためだ。

グリム兄弟とアンデルセンのあいだにも、似たような例がある。グリム兄弟は童話集の五版に『まめの試験』という民話を載せたが、これがアンデルセンの創作童話とわかると次の版ではずしている。

ペローは、十七世紀後半に流行した妖精伝説に刺激されて童話を書いた。グリム兄弟、アンデルセンの場合は、ペローの童話の影響に加えて大衆の間に広がった民族意識の影響がうかがわれる。フランス革命を境にヨーロッパでは民族意識が急激に一般大衆に広がり出した。中世まで国家は王と貴族のものであって、一般の人民には無縁の存在だった。しかし、商業資本の発達と手工業の充実は、大衆の中にブルジョア階級を生み、彼らが国家意識をもつようになったのだ。

ブルジョア階級による革命を達成したフランスは、周辺国家群による革命への干渉に対抗するため国民軍を結成。国民軍対連合軍の対決がナポレオンを生んだ。ナポレオンのヨーロッパ制圧は、支配下におかれた大衆の国家意識を刺激し、文学の世界では自国の古い伝承や民話を再発掘する動きを呼んだ。

そのムーブメントは、ドイツにも及び、先進のヨーロッパ文化に目を向けるとともにドイツ文化の独自性を追求するようになった。十八世紀末から十九世紀初頭はドイツ文化の絶頂期で、ゲーテ、シラー、ハイドン、モーツァルト、レッシングなどの偉大な芸術家たちが登場した。ドイツの芸術はドイツ独自の文化を反映し、独自の方法で独自の精神を表現していった。A・L・グリムやグリム兄弟による童話集刊行の動きも、こうしたシュトルム・ウント・ドランク（疾風怒濤）の時代の産物なのである。

96 グリム童話は誰に読ませるつもりで書かれたのか?

現代で童話というと子供のための物語の総称だが、概念に広狭の差があり、時代の変遷によってさまざまだ。グリム兄弟が童話集を出版するにあたって、読者対象に子供も考慮に入れていたことは間違いないが、真の読者対象は民族意識に目覚めてきたブルジョア階級と女性層だった。

今でこそ、グリムの童話集は聖書と並ぶベストセラーとして世界各国の子供を中心に愛読されているが、一般大衆の教育が現代のように普及していなかった十九世紀前半に、子供向けの出版は考えられなかった。当時、読書の習慣をもっていたのは、貴族、官吏、裕福な商人階級だったからだ。

事実、グリム兄弟の民話の収集に際して資料を提供したのは、教養あるブルジョア階級の女性たちだったし、一八一二年の初版に民話を提供したヴィルト家の婦人たちは、裕福な薬局経営者の家族であり、学者の血をひいていた。また、お手伝いのマリーおばさんとして紹介された人物も実際は、ハーナウ市の市長を務めていたヨハネス・ハッセンプフール家の娘のマリー・ハッセンプフールとその姉妹たちだった。

ほかの民話の提供者も、牧師の娘や、第二版で民話提供者として登場するハックストハウゼン男爵のマリアンネ夫人と娘たちだ。当時、ドイツ最高の女流詩人といわれたアネッテ・ドロステ・ヒュルスホッフも、ハックストハウゼン家の親類で、グリム兄弟の民話収集に協力している。

童話の提供者の多くがこうした階級の女性であるのは、子供に子守歌や童話を話す機会が多いこと、母や祖母に聞かされた話を要領よく伝える知識を身につけていたからだ。

グリムの童話は、ブルジョアの女性が子供たちに読んで聞かせるというコンセプトで出版されたと考えられる。初版本は「アルニム夫人に、小さいヨハネス・フライムントのために」ささげられており、二十ページほどの序文がついているが、収集者であるグリム兄弟の体験と見識を記し、決して子供向けではない。さらに巻末につけられたメルヘンを推奨する古今の文人たちの証言は、大人の男性もしりごみする堅い論文調のものだった。

グリム兄弟は童話集を当時、民族意識の高潮してきたブルジョア階級に読んでもらおうと考えていたが、現在のような子供の読み物に変わってきたのは、学校教育の充実をはじめ、時代のなりゆきであり、そこから子供向け版が普及したのである。

97

『グリム童話集』発表時の評価は？

グリム兄弟の童話に先立つ各種の民話集や童話集は、大衆の知的水準を高めたが、もっぱら啓蒙的で面白みに欠ける欠陥があった。

また、当時の民話収集家の多くは、民話を単なる素材とみなして、そのうえに勝手な空想をめぐらしたので、元の話とはかけ離れた、まったくの創作になっていた。

たとえばグリム兄弟より三年前に『子供の童話』を出版した同名異人のアルバート・ルードヴィヒ・グリムなど、ほしいままに空想をめぐらせて民話本来の姿をすっかりゆがめてしまっている。

これに対してグリム兄弟の作品が発表当初から高い評価を受けたのは、童話をできるだけ純粋な形でとらえた点だ。初版や二版の発行に際して、グリム兄弟は伝承民話を正確に写したことを強調すると同時に、表現方法も語り口調の短いセンテンスをつなげたものにした。

グリム以前の童話が、創作とストーリーの大幅な改作に終始して、結末をいたずらに教訓的なものに求めたのに対して、グリムの作品は読者のハートに素直に伝わるものだった。この結果、グリム以外の作品は早々と読者に飽きられてしまったのに対して、グリム童話は読者に定着化していった。

また、版を改訂するごとに手を加えていった点も見逃せない。

すでに、初版段階で話し言葉で伝えられた民話を文章化し、表現的にグリム兄弟、特にヴィルヘルムの手が入っているという点では創作ともいえるが、民話の本質をゆがめない兄弟の姿勢が、多くの読者の共感を集めたようだ。

グリム童話集を読む読者に、これこそ大昔からドイツに伝わる民族の宝ともいえる珠玉の作品という印象を与えた効果は大きい。

民話のなかには方言で語られているものも少なくなかったが、グリム兄弟はこれを標準語に書き改めている。方言の良さが標準語にすることで失われるマイナスはあったが、それを最小限にとどめ、単純素朴で民衆の親しみやすい表現にすることで成功している。

グリム兄弟と前後して多くの民話集や伝説集が、数多くの作者によって出版されたが、その多くは歴史の闇に消えている。グリムの作品だけが、今なおドイツはおろか全世界で愛読されていることを考えれば、兄弟のとった手法が正しかったのである。

98

日本でグリム童話が紹介されたのはいつ？

グリム兄弟の童話が日本で初めて紹介されたのは、明治二十（一八八七）年だった。東京の集成社という出版社から刊行された桐南居士著の『西洋古事・神仙叢話』である。定価四十銭で発売された本には十一種の童話が収められていたが、文体は文語調で大人向きの読み物だった。

翻訳者の桐南居士は本名を菅了法といい、文科大学（現・東京大学文学部）を卒業した学士で、のちに代議士に当選して政治活動を行なっている。彼は雑誌『国民之友』の愛読書アンケートにもグリム童話を挙げている。

明治維新の結果、海外の文芸がどっと日本に入りこんだが、童話も例外ではなかった。しかし、グリムの作品が紹介されたのは意外に遅く、特に子供向けの読み物としては、グリムより十年ほど前にイソップやアラビアンナイトなどが邦訳されているし、ジュール・ヴェルヌの冒険科学小説などもグリム童話に数年先駆けて紹介されている。

桐南居士の作品につづいて明治二十二（一八八九）年には、国語学者として後年有名になった上田万年が、『家庭叢書第一』として『おおかみ』を翻訳、出版している。この作品は上田が帝大（現・東京大学）を卒業した翌年に発表したもので、タイトルでも想像できるようにグリム童話五話の『オオカミと七匹の子ヤギ』である。

上田は、この作品を発表した翌年の明治二十三年にドイツへ留学しているから、ドイツ語の原作を翻訳したものと思われる。こちらは桐南居士のものと異なり、読みやすい子供向けの作品に仕上がっている。このほかにも明治二十一年から二十二年にかけて児童向けの雑誌『小国民』、『女学雑誌』の二雑誌にグリム童話の翻案が掲載されている。作品は『カエルの王様』、『忠実なヨハネス』、『りこうなハンス』などである。

日本ではグリムのメルヘンは、おとぎ話の形で翻訳されてきた。しかし、なかには『西洋妖怪奇談』的な解釈で大人の娯楽として取り上げているケースもある。

二百話もあるグリムの童話の全訳が発行されたのは、大正十三（一九二四）年のことだった。

世界童話刊行会が出版した『世界童話大系』の第二、三巻に収容された金田鬼一訳のドイツ編『グリム童話集』がそれで、これが改訂されて昭和四（一九二九）年に全訳グリム童話集として岩波文庫に組み入れられて、現在にいたっている。

99 福沢諭吉はグリムに会っていた？

グリム兄弟が生きた時代は、日本の歴史でいうと徳川十代将軍の家治《いえはる》の時代から十四代・家茂《いえもち》の時代に相当する。幕末、開国の時代だが、長く鎖国をつづけていた日本の状況から考えて、グリム兄弟が日本について多くの知識をもっていたとは思えない。ただ、ヨーロッパ人のあいだでは極東に日本という国があるということは知られていたようで、グリム兄弟も日本には興味を抱いていたようだ。

たとえば、日本に二年三カ月も抑留されていたロシア船の船長・ゴロヴニーンが著わした『日本幽囚記』のドイツ語訳を読んで、親しい友人たちに紹介したりしている。また、ヤーコプはドイツ人医師のケンプファーが書いた『日本誌』の記載事項を、自著に引用している。

ヤーコプが、自著『ドイツ法律古事誌』に引用したのは「日本人は火による犯罪判定法と潔白を証明する飲み物を知っている」という項で、これはケンプファーの『日本誌』に記載された『深湯《くかだち》の法』と、熊野牛玉《くまのごおう》の護符を水で飲んで罪の有無を知るという記事をさしている。

さらに興味深い事実がある。兄弟のうちで最も長生きしたヤーコプは、その晩年に日本人の訪問を受けているというのだ。これは、ヴィルヘルムの長男で晩年のヤーコプの面倒を見ていたヘルマン・グリムの回想記のなかに記されている。

ヘルマンの回想記の記述は、「ヤーコプ・グリムは、日本の使節たちが滞在中、彼を訪問した際、彼は使節たちにオランダ語で話しかけた」とあるだけで、どんな使節だったのか、何を話したのかはいっさい不明だ。また、ヤーコプと話をした日本人は誰だったか、姓名も明らかにされていない。ただ、ヘルマンの母で、ヤーコプの弟・ヴィルヘルムの妻だったドルトヘンが残した手紙にも、「三人の日本人の訪問がヤーコプと自分たちを喜ばせた」とあるので、間違いやデマではなさそうだ。

ヤーコプは一八六三年にベルリンで没したが、その前年の一八六二年に日本の遣欧使節がベルリンに十八日間滞在している。竹内下野守保徳を正使とする遣欧使節の行動は、副使・松平康直が記した『幕末遣欧使節航海日録』などに詳しく書かれていて、確かにベルリンに十八日間滞在している。一行のなかには通訳として福沢諭吉、福地源一郎（桜痴）の名前も見える。日本の使節たちのほとんどが、ドイツ語はもちろんオランダ語もしゃべ

れなかったから、ヤーコプとの会見は通訳を通して行なわれたに違いない。

事実、ヘルマンの回想記にも「日本の使節たち」と複数で書かれている。福沢諭吉か、のちに明治のマスコミ界で活躍する福地源一郎が、ヤーコプと使節の会見の通訳をしたと思われるのだが……。

当時、ヤーコプはドイツ人文科学界の代表的人物で学士院の会員でもあったから、日本の使節がドイツ人文科学の現状を勉強するために会見を求めるのは自然だが、日本の使節が残した資料にはヤーコプとの会見を証明するものはまったくない。

また、福沢の有名な自伝『福翁自伝』にも、ベルリンで外科手術を見学した記載はあるが、ヤーコプとの会見の記事はない。

●参考文献

『グリム童話―メルヘンの深層』鈴木晶／講談社現代新書、『グリム兄弟 魔法の森から現代の世界へ』ジャック・ジャイプス、鈴木晶訳／筑摩書房、『グリム兄弟』高橋健二／新潮選書、『グリム兄弟・童話と生涯』高橋健二／小学館、『グリム兄弟とアンゼルセン』高橋健二／東書選書、『グリム童話の誕生 聞くメルヒェンから読むメルヒェンへ』小澤俊夫／朝日選書、『グリム童話の悪い少女と勇敢な少年』ルース・ボティックハイマー、鈴木晶・他訳／紀伊国屋書店、『グリム童話―その隠されたメッセージ』マリア・タタール、鈴木晶・他訳／新曜社、『もうひとつ余計なおとぎ話』ジョン・M・エリス、池田香代子・薩摩竜郎訳／新曜社、『愛と性のメルヒェン』マグラザリー／新曜社、『グリム童話―子供に聞かせてよいか？』野村泫／ちくま学芸文庫、『グリムの昔話と文学』野村泫／ちくま学芸文庫、『昔話の解釈』マックス・リューティー、野村泫訳／ちくま学芸文庫、『昔話の本質』マックス・リューティー、野村泫訳／ちくま学芸文庫、『誰がいばら姫を起こしたのか』I・フェッチャー、丘沢静也訳／ちくま文庫、『メルヘンの深層 歴史が解く童話の謎』森義信／講談社現代新書、『グリム童話のなかの呪われた話』金成陽一／大和書房、『グリム童話のなかの愛と試練』金成陽一／大和書房、『初版グリム童話集1～4』吉原高志・吉原素子訳／白水社、『グリム童話集』金田鬼一訳／岩波文庫〈改訂〉、『白雪姫』植田敏郎訳／新潮文庫、『ヘンゼルとグレーテル』植田敏郎訳／新潮文庫、『ブレーメンの音楽師』植田敏郎訳／新潮文庫、『ペロー童話集』新倉朗子訳／岩波文庫、『やんごとなき姫君たちのトイレ』桐生操／角川文庫、『美しき拷問の本』桐生操／角川文庫、『〈図説〉快楽の中世史』ジャン・ヴェルドン、池上俊一訳／原書房、『中世ヨーロッパ生活史2』オットー・ボルスト、永野藤夫・他訳／白水社、『物が語る世界の歴史』綿引弘／聖文社、『ヨーロッパ中世社会史事典』A・ジェラール、序J・ル＝ゴフ、池田健二訳／藤原書店、『カトリック教会と性の歴史』ウタ・ランケ－ハイネマン、高橋昌史・他訳／三交社

桜澤麻衣（さくらざわ・まい）

蛇遣座の生まれ。世界の民話、神話伝承に精通。特にグリムを中心とした童話、日本の昔話の研究に力を注いでいる。グリム童話に潜む兄弟愛の強さと、親子の関係のあやうさ、もろさと、その陰に潜む残虐性に大いなる関心を抱いている。お気に入りの作品は『青ひげ』『灰かぶり』。

本書は、1999年4月に小社より刊行された書籍の改装改訂新版です。

二見レインボー文庫

童話《どうわ》ってホントは残酷《ざんこく》 第2弾《だいだん》 グリム童話《どうわ》99の謎《なぞ》

編著者 桜澤麻衣《さくらざわまい》

発行所 株式会社 二見書房
東京都千代田区神田三崎町2-18-11
電話 03(3515)2311［営業］
03(3515)2313［編集］
振替 00170-4-2639

印刷 株式会社 堀内印刷所
製本 株式会社 村上製本所

落丁・乱丁本はお取り替えいたします。
定価は、カバーに表示してあります。
2017, Printed in Japan.
ISBN978-4-576-17199-9
http://www.futami.co.jp/